SOBRE O AMOR

C. G. JUNG

SOBRE O AMOR

Seleção e edição de Marianne Schiess

DIRETORES EDITORIAIS:
Carlos Silva
Ferdinando Mancilio

EDITORES:
Avelino Grassi
Roberto Girola

COORDENAÇÃO EDITORIAL:
Elizabeth dos Santos Reis

TRADUÇÃO:
Inês Antonia Lohbauer

COPIDESQUE:
Elizabeth dos Santos Reis

REVISÃO:
Ana Lúcia de Castro Leite
Leila Cristina Dinis Fernandes

PROJETO GRÁFICO E DIAGRAMAÇÃO:
Simone Godoy

CAPA:
Tamara Pereira Souza

Título original: *Über die Liebe*
© Patmos Verlag GmbH & Co. KG, Walter Verlaz, Düsseldorf, Germany
ISBN 3-491-45023-3

Todos os direitos em língua portuguesa reservados à Editora Ideias & Letras, 2021.
7ª reimpressão.

Rua Barão de Itapetininga, 274
República - São Paulo/SP
Cep: 01042-000 - (11) 3862-4831
Televendas: 0800 777 6004
vendas@ideiaseletras.com.br
www.ideiaseletras.com.br

Dados Internacionais de Catalogação na Publicação (CIP)
(Câmara Brasileira do Livro, SP, Brasil)

Jung, Carl Gustav, 1875-1961.
  Sobre o amor / C. G. Jung; [tradução de Inês Antonia Lohbauer]. –
Aparecida, SP: Ideias & Letras, 2005.

  Título original: *Über die Liebe*.
  Bibliografia.
  ISBN 85-98239-43-7

  1. Amor – Aspectos psicológicos 2. Jung, Carl Gustav – Crítica e interpretação 3. Psicologia junguiana I. Título.

05-3859   CDD 150.1954

Índice para catálogo sistemático:

1. Amor: Psicanálise: Psicologia junguiana
150.1954

Sumário

– Prefácio 7

– Sobre o Amor 11

– Sobre o Eros 29

– Sobre o Casamento 41

– Sobre a Sociedade 71

– Sobre o Relacionamento que Cura 89

– Conclusão 109

– Obras citadas...111

Prefácio

"O problema do amor parece-me uma montanha imensa que, com minha experiência, só foi crescendo cada vez mais", escreveu C. G. Jung em 1922. E quase quatro décadas depois: "Minha experiência como médico, assim como minha própria vida, confrontavam-me constantemente com a questão do amor, e eu nunca fui capaz de dar uma resposta válida".

Ao vasculharmos sua obra atrás de afirmações concretas sobre essa "força do destino, que se estende do céu até o inferno", o resultado é espantosamente tímido. Isso pode ter ocorrido porque, para ele, o indivíduo e sua relação com o mundo interior estavam em primeiro plano. De qualquer modo, este pequeno livro, com citações e textos breves, vai além do tema amor e inclui os relacionamentos no sentido mais amplo. Isso nos parece correto, pois Jung define o *eros*, esse símbolo central do amor, como o "grande aglutinador e liberador", como a "relação anímica", à qual ele contrapôs o *logos*, o "interesse material".

Cada capítulo representa um retículo, as passagens são fluidas. Principalmente os dois conceitos – amor e eros – podem deixar margem a dúvidas, pois em determinados contextos Jung utilizou-os como sinônimos.

No capítulo "Sobre o amor", o relacionamento anímico, no sentido mais abrangente, foi colocado em primeiro plano, ao passo que nos textos sobre o eros ele se liga ao sensorial.

Muitas pessoas procuraram Jung porque não conseguiam mais manter o casamento tradicional. A esse tema tão atual dedicamos mais um capítulo. No trecho sobre o ser humano como ser social, Jung parte do princípio que só podemos desenvolver-nos plenamente quando desenvolvemos as duas coisas, nossa individualidade e também nossa capacidade de nos relacionar. Os textos da conclusão deixam claro como é importante o papel não apenas do relacionamento de transferência, mas também do relacionamento humano na psicoterapia junguiana.

Na leitura destes textos devemos considerar que C. G. Jung não se distinguia muito como pensador. Ele vivia, trabalhava e observava as coisas no aqui e agora. Por isso, em algumas citações, confrontamo-nos com o espírito de seu tempo. Além disso, já se passaram mais de quatro décadas entre os primeiros e últimos textos. C. G. Jung nunca ficou parado, sempre continuou desenvolvendo seus pensamentos e conceitos – o que explica algumas aparentes incongruências.

Mesmo assim suas afirmações sobre o amor, referentes ao relacionamento anímico, continuam bastante atuais e têm muito a dizer sobre o tema "relações" àquelas pessoas que frequentemente sentem a falta de uma orientação.

Marianne Schiess

Sobre o Amor

"O amor é como Deus: ambos só se oferecem a seus serviçais mais corajosos."

GW 10, § 232

Quantas coisas nós chamamos de "amor"! Começando com o mais elevado mistério da religião cristã, encontramos em seu plano mais profundo o "amor Dei", de Orígenes, o "amor intellectualis Dei", de Spinoza, o "amor da ideia", de Platão, a "face de Deus" dos místicos. Na esfera do humano nós nos deparamos com a palavra de Goethe:

> *Os instintos selvagens morrem*
> *Com cada ação impetuosa*
> *Move-se o amor humano*
> *E move-se também o amor de Deus.*

Encontramos *o amor ao próximo*, com seu matiz de compaixão cristã e também budista, a filantropia, ou seja, a assistência social; ao lado desta encontramos o *amor à pátria* e o amor a outras instituições ideais, como a Igreja etc. Em seguida vem o amor dos pais, sobretudo o *amor materno*, e depois o *amor da criança*. Com o amor dos cônjuges deixamos o âmbito do espírito e penetramos naquela esfera intermediária que se estende entre o espírito e o instinto, em que, por um lado, arde a chama pura do eros que acende a sexualidade, e, por outro, algumas formas ideais de amor, como amor paterno, amor à pátria, amor ao próximo, que se misturam à ambição pelo poder pessoal, à vontade de possuir e dominar.

Mas isso não quer dizer que todo contato com a esfera dos instintos represente necessariamente um rebaixamento. Pelo contrário; a beleza e a autenticidade da força do amor poderão revelar-se mais completas quanto mais instinto ele puder integrar em si. Porém, quanto mais o instinto sufoca o amor, tanto mais se revela nele o animal. Assim, podemos dizer, com Goethe, sobre o amor entre o noivo e a noiva:

> *Quando a intensa força espiritual*
> *Arrebata os elementos para si*
> *Nenhum anjo separa a dupla natureza tão unida*
> *Só o eterno amor pode separar os dois*
> *Tão intimamente unidos.*

Mas o amor não é necessariamente sempre um amor como esse, ele pode ser de outro tipo, do qual Nietzsche diz: "Dois animais se reconheceram". O amor dos apaixonados vai mais fundo. Se não há a celebração do noivado, a promessa de uma vida em comum, por outro lado há aquela outra beleza, do fatídico, do trágico, que pode transfigurar esse amor. Mas via de regra o instinto prevalece, com sua chama escura ou seu trêmulo fogo de palha.

GW 10, § 199s.

O "amor" aparece empiricamente como a força do destino *par excellence*, seja manifestando-se como baixa concupiscência ou como afeição espiritual. Ele é um dos mais poderosos motores das coisas humanas.

Quando é concebido como "divino", essa definição até lhe faz justiça, pois aquilo que é mais poderoso na psique sempre foi definido como "Deus". Se acreditamos em Deus ou não, se o admiramos ou maldizemos, a palavra "Deus" está sempre se insinuando em nossa boca. Sempre, e em todos os lugares, o que é psiquicamente poderoso tem o nome de algo assim como "Deus". Além disso, "Deus" é sempre contraposto ao ser humano e expressamente diferenciado dele. No entanto, o amor é comum aos dois.

GW 5, § 98

O amor é sempre um problema, qualquer que seja a faixa etária do ser humano em que ele ocorre. Para os que estão na infância, o problema é o amor dos pais; para os idosos o problema é o que eles fizeram com seu amor. O amor é um dos grandes poderes do destino, ele se estende do céu até o inferno.

GW 10, § 198

Acho que o melhor é entendermos todo o problema do amor como um *miraculum per gratiam Dei*, do qual em princípio ninguém entende nada. Ele é sempre obra do destino, cujas raízes mais profundas nunca conseguiremos desenterrar. Nunca nos devemos deixar confundir pelas ações de Deus. A sublime irracionalidade ou a irracional sublimidade desse acontecimento deve servir-nos apenas para a admiração filosófica.

Briefe I, 274

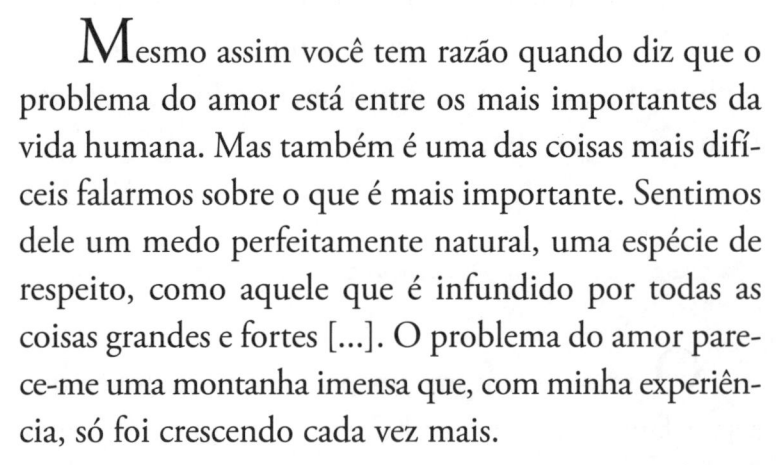

Mesmo assim você tem razão quando diz que o problema do amor está entre os mais importantes da vida humana. Mas também é uma das coisas mais difíceis falarmos sobre o que é mais importante. Sentimos dele um medo perfeitamente natural, uma espécie de respeito, como aquele que é infundido por todas as coisas grandes e fortes [...]. O problema do amor parece-me uma montanha imensa que, com minha experiência, só foi crescendo cada vez mais.

Briefe I, 60

No entanto, esse envolvimento do amor em todas as formas de vida, na medida em que são comuns, isto é, coletivas, é apenas uma dificuldade ínfima em comparação com o fato de que o amor também é um problema eminentemente individual. Mas isso quer dizer que sob esse aspecto todos os critérios e regras comuns perdem sua validade.

GW 10, § 198

É difícil pensar que este rico mundo seja pobre demais para poder oferecer um objeto ao amor de uma pessoa. Ele oferece um espaço infinito para cada uma. É muito mais a incapacidade de amar que rouba das pessoas as oportunidades. Este mundo é vazio apenas para aquele que não quer direcionar sua libido às coisas e às pessoas, tornando-as vivas e belas para si mesmo. Portanto, o que nos obriga a criar um substituto a partir de nós mesmos não é a carência externa de objetos, mas sim nossa incapacidade de nos envolver amorosamente com algo fora de nós. Certamente as dificuldades das condições de vida e as adversidades da luta pela existência nos oprimem, mas situações externas graves não impedem o amor, muito pelo contrário, no caso elas poderão até nos estimular a realizar grandes esforços. Nunca as dificuldades reais poderão retrair a libido tão continuadamente a ponto de provocarem uma neurose, por exemplo. Para isso falta o conflito, que é a condição para o surgimento da neurose.

A resistência, que contrapõe seu não querer ao querer, consegue sozinha produzir a regressão, um possível ponto de partida de uma perturbação psicogênica. A resistência ao amor produz a incapacidade ao amor ou é a incapacidade que atua como resistência.

Assim como a libido é um fluxo perene que despeja suas águas na amplitude do mundo da realidade, a resistência, encarada de forma dinâmica, não é como uma rocha que se ergue acima do leito do rio, constantemente banhada e rodeada pelo fluxo das águas, mas uma correnteza contrária, que flui para a nascente ao invés de fluir para a foz. Uma parte da alma quer o objeto externo, mas a outra quer voltar ao mundo subjetivo, onde nos acenam os palácios leves e facilmente construídos da fantasia.

GW 5, § 253

O problema do amor faz parte dos grandes sofrimentos da humanidade, e ninguém deveria envergonhar-se do fato de ter de pagar seu tributo a ele.

GW 17, § 219

O bom-senso do dia a dia, a razão humana sadia, a ciência como "common sense" concentrado, sem dúvida, alcançam uma ampla extensão, mas nunca vão além do limite da mais banal realidade e da humanidade mediana, normal.

Basicamente não oferecem nenhuma resposta à questão do sofrimento da alma e de seu significado mais profundo. Em princípio, a psiconeurose é o sofrimento da alma que não encontrou seu significado. Mas do sofrimento da alma partem toda criação espiritual e todo progresso do ser humano espiritual, e a base do sofrimento é a paralisação espiritual, a esterilidade da alma.

Com esse conhecimento o médico entra num campo do qual ele só se aproxima com muita hesitação. É porque nesse caso surge para ele a necessidade de transmitir a ficção curadora, o significado espiritual, pois é isso que o doente quer, para além de tudo aquilo que a razão e a ciência podem lhe dar. O doente procura aquilo que o acomete e que confere um formato significativo à confusão caótica de sua alma neurótica.

Será que o médico está à altura dessa tarefa? Primeiro ele recomendará seu paciente ao teólogo ou ao filósofo, ou o abandonará à grande perplexidade do tempo. Como médico, ele não é obrigado, por sua consciência profissional, a ter uma visão de mundo. Mas o que acontece quando ele vê nitidamente que seu paciente está sofrendo, porque *não tem amor* mas só sexualidade, *não tem fé*, porque a cegueira o assusta, *não tem esperança*, porque o mundo e a vida o desiludiram, e *não se reconhece*, porque ainda não reconheceu seu próprio sentido?

Inúmeros pacientes cultos recusam-se categoricamente a consultar um teólogo. E não querem nem saber de um filósofo, pois a história da filosofia os deixa indiferentes, e o intelectualismo é para eles mais árido que o deserto. E onde estão os grandes sábios da vida e do mundo que não apenas falam do sentido, mas também o possuem? Não se pode imaginar nenhum sistema e nenhuma verdade que forneçam aquilo de que o enfermo precisa para a vida, ou seja, fé, esperança, amor e *autorreconhecimento*.

Essas quatro maiores conquistas do esforço humano são também bênçãos que não se pode ensinar nem aprender, dar nem tomar, reter nem obter, pois elas estão conectadas a uma condição irracional, avessa à vontade humana, ou seja, *à vivência*. As vivências nunca podem ser "fabricadas". Elas nunca acontecem de forma absoluta, mas felizmente sempre de forma relativa. *Podemos aproximar-nos delas*. É o que está a nosso alcance humano. Existem caminhos que levam à proximidade da vivência, mas deveríamos evitar chamá-los de "métodos", pois esse termo tem o efeito de anular a vida, e com isso o caminho à vivência não passa de um artifício, quando na verdade é muito mais uma ousadia que exige *o incondicional envolvimento de toda a personalidade*.

Com isso a necessidade terapêutica chega a uma pergunta e ao mesmo tempo a um obstáculo que parece intransponível. Como podemos ajudar a alma sofredora a chegar à vivência redentora, na qual devemos propiciar-lhe o acesso aos quatro grandes *charismata* e curar sua doença? Bem-intencionados, imaginamos: você deveria ter o amor verdadeiro ou a fé verdadeira, ou a esperança verdadeira, ou o "conhece-te a ti mesmo". Mas de onde o enfermo pode tomar antes aquilo que ele só pode obter depois?

Saulo não deve sua conversão ao amor verdadeiro nem à fé verdadeira, nem a qualquer outra verdade, mas foi seu ódio a Cristo que o levou ao caminho para Damasco, e com isso àquela vivência que seria decisiva para sua vida.

Aqui surge uma problemática de vida que nunca poderá ser levada suficientemente a sério, e que apresenta um problema ao médico de almas, colocando-o muito próximo do pastor de almas.

GW 11, § 497s.

A mulher da atualidade tornou-se consciente do fato incontestável de que só numa situação amorosa ela consegue chegar ao que é melhor e mais elevado nela, e esse conhecimento leva-a a outro conhecimento, de que o amor está além da lei; por outro lado, sua respeitabilidade indigna-se contra isso. Tendemos a identificar a opinião pública com isso. Mas este é o mal menor;

o pior é que essa opinião também está no sangue da mulher. Ela lhe chega como uma voz de dentro, uma espécie de consciência, e esse é o poder que a deixa em xeque. Ela não tem consciência de que seu bem mais pessoal, mais íntimo, poderia colidir com a história. Tal colisão é para ela o que há de mais inesperado e absurdo. Mas, afinal, quem tem total consciência de que na realidade a história não está nos grandes livros, mas em nosso sangue? Apenas a minoria.

GW 10, § 266

Fazer tudo por amor a uma pessoa é uma característica da mulher. Mas aquelas mulheres que fazem algo significativo por amor a uma coisa são as maiores exceções, porque isso não corresponde a sua natureza. O amor a uma coisa é prerrogativa masculina. Mas como o ser humano reúne em sua natureza o masculino e o feminino, um homem pode vivenciar o feminino e uma mulher o masculino. No entanto, o feminino no homem está em segundo plano, assim como o masculino na mulher. Mas quando se vive o gênero oposto, vive-se no próprio segundo plano, quando o que é verdadeiro se reduz muito. Um homem deveria viver como homem e uma mulher como mulher.

GW 10, § 243

Uma mulher que ama pode segurar uma situação contra qualquer poder superior, contra a morte e o demônio, e com total convicção criar estabilidade no caos.

Traumanalyse, 744

Assim como nenhuma planta cresce contra a morte, não existem meios simples de se facilitar uma coisa difícil, como no caso da vida. Podemos somente eliminar a dificuldade por meio de um correspondente emprego de energia. Assim também a solução do problema do amor exige o empenho do homem por inteiro, até seus limites. As soluções libertadoras só existem quando o esforço é integral. Todo o resto é coisa malfeita e inútil. Só se poderia pensar em amor livre se todas as pessoas realizassem elevados feitos morais. Mas a ideia do amor livre não foi inventada com esse objetivo, e sim para deixar algo difícil parecer fácil. Ao amor pertencem a profundidade e a fidelidade do sentimento, sem os quais o amor não é amor, mas somente humor. O amor verdadeiro sempre visa ligações duradouras, responsáveis. Ele só precisa da liberdade para a escolha, não para sua implementação. Todo amor verdadeiro profundo é um sacrifício. Sacrificamos nossas possibilidades, ou melhor, a ilusão de nossas possibilidades. Quando não há esse sacrifício, nossas ilusões impedirão o surgimento do sentimento profundo e responsável, mas com isso também somos privados da possibilidade da experiência do amor verdadeiro.

O amor tem mais do que uma coisa em comum com a convicção religiosa: ele exige um posicionamento incondicional, ele espera uma doação completa. E como apenas aquele que crê, aquele que se doa por completo a seu Deus, partilha da manifestação da graça de Deus, assim também o amor só revela seus maiores segredos e milagres àquele capaz de uma doação incondicional e de fidelidade de sentimentos. Como esse esforço é muito grande, só alguns poucos mortais podem vangloriar-se de tê-lo realizado. Porém, como o amor mais fiel e o que se doa ao máximo é sempre o mais belo, nunca se deveria procurar o que pudesse facilitá-lo. Só um mau cavaleiro de sua dama do coração recua diante da dificuldade do amor. O amor é como Deus: ambos só se oferecem a seus serviçais mais corajosos.

GW 10, § 231s.

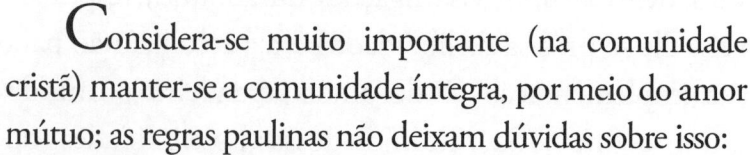

Considera-se muito importante (na comunidade cristã) manter-se a comunidade íntegra, por meio do amor mútuo; as regras paulinas não deixam dúvidas sobre isso:

"Sirvam uns aos outros por meio do amor".
"Que seja perene o amor fraternal."
"Vamos nos estimular ao amor e às boas obras, e não abandonemos nossa união coletiva..."

Na comunidade cristã a união parece ser uma condição para a redenção, ou como se queira definir essa situação tão almejada. A esse respeito a primeira carta de João expressa-se de forma semelhante:

"Aquele que ama seu irmão permanece na luz... Mas aquele que odeia seu irmão está nas trevas..."
"Ninguém jamais contemplou Deus; quando nos amamos uns aos outros, Deus permanece em nós..."

Mencionamos acima que as pessoas contavam seus pecados umas às outras e as dificuldades da alma eram transmitidas à entidade divina. Assim, entre esta última e a pessoa surge uma ligação íntima. Devemos estar unidos pelo amor, não só com Deus, mas também com nosso semelhante. Sem dúvida, essa relação parece ser tão importante quanto aquela. Se Deus só "permanece em nós" quando amamos "o irmão", poderíamos até supor que o amor é mais importante ainda do que Deus. Essa pergunta não parece tão incoerente, quando observamos mais de perto as palavras de Hugo de São Vítor:

"Tu possuis uma força enorme, ó amor, só tu consegues atrair para a terra o Deus dos céus, ó quão forte é teu liame, até mesmo Deus poderia ser atado com ele... tu o trouxeste, o ataste com teus liames, o feriste com tuas setas... feriste o que era imune ao sofrimento, ataste o inconquistável, moveste o irremovível, tornaste mortal o eterno... Ó amor, quão grande é tua vitória!"

De acordo com essas palavras, o amor não parece ser nenhum poder menor! Ele é o próprio Deus. ("Deus é amor, e aquele que permanece no amor permanece em Deus, e Deus permanece nele.") Mas por outro lado o "amor" é um antropomorfismo *par excellence*, ao lado da fome, a clássica força motriz psíquica do homem. Por um lado, do ponto de vista psicológico, ela é uma função de relacionamento, e por outro, um estado psíquico de ênfase emocional que, como se torna evidente, se funde por assim dizer com a imagem de Deus. Indubitavelmente o amor possui uma determinante instintiva; ele é característica e atividade do homem, e quando a linguagem religiosa de Deus é definida como "amor", existe o grande perigo de se confundir o amor que atua no homem com a ação de Deus.

GW 5, § 95s.

Nossa sonhadora não é uma personalidade religiosa, ela é "moderna". Ela esqueceu a religião que lhe foi ensinada um dia, e não sabe que existem momentos em que os deuses se intrometem ou então situações que há tempos imemoriais foram forjadas de modo a alcançar as profundezas. A essas situações pertence por exemplo o *amor*, sua paixão e seu perigo. O amor pode evocar forças imprevistas da alma; mas para nós teria sido melhor que as tivéssemos previsto. A "religio", como "zelosa consideração" de perigos e forças desconhecidas, torna-se nesse caso uma interrogação. De uma simples projeção pode surgir o amor com toda a sua força de predestinação; algo que ela, numa ilusão cega, poderia arrancar de seu curso de vida natural. Será que é bom ou mau, Deus ou o demônio, o que acomete a sonhadora? Sem sabê-lo, ela já se sente vulnerável. E quem sabe se ela está preparada para essa complicação! Até agora ela evitou essa possibilidade, tanto quanto possível, e agora esta ameaça alcançá-la. É um risco diante do qual deveríamos fugir, ou, se precisarmos mesmo nos arriscar, então deveríamos, como se diz, ter um bocado de "confiança em Deus" ou de "fé" numa boa saída. Assim, inesperada e involuntariamente, a questão da postura religiosa diante do destino intromete-se nisso.

GW 7, § 164

Sobre o Eros

"É uma ideia tola, que os homens têm. Eles acreditam que eros seja sexo, mas está errado. Eros é relacionamento."

Traumanalyse, 203

O erotismo é uma interrogação e sempre será, o que quer que diga qualquer determinação futura. Por um lado, ele pertence à natureza animal primitiva do homem, que existirá sempre enquanto o homem tiver um corpo animal. Por outro lado, porém, ele é aparentado às formas mais elevadas do espírito. Mas ele só floresce quando espírito e instinto estão na sintonia correta. Quando falta um desses aspectos, ocorre um dano, ou pelo menos uma unilateralidade, um desequilíbrio, que pode facilmente desembocar em algo doentio.

Animal demais desloca o homem cultural, cultura demais produz animais doentes. Esse dilema mostra toda a insegurança que o erotismo representa para o homem. O erotismo é basicamente algo superpoderoso, que se deixa violar e usar, como a natureza, como se fosse muito frágil. Mas paga-se caro pelo triunfo sobre a natureza. A natureza não precisa de explicações racionais, ela se satisfaz com a tolerância e com o sábio bom-senso.

"O eros é um grande demônio", diz a sábia Diotima a Sócrates. Não se consegue nunca lidar com ele ou então só se consegue produzindo danos a si mesmo. Ele não é toda natureza em nós, mas pelo menos é um de seus aspectos principais.

GW 7, § 32s.

Em um mundo de tirania e crueldade, um sonho celeste cristalizou-se em pedra: o Taj Mahal. Não consigo ocultar a ilimitada admiração que nutro por essa flor preciosíssima, essa joia inestimável, e espanto-me com aquele amor que revelou o gênio do Xá Jahan e que este soube usar como uma ferramenta de autorrealização. É aquele lugar no mundo onde a beleza – infelizmente – invisível e ciumentamente protegida do eros islâmico tornou-se pública por meio de uma maravilha quase divina. É o doce segredo dos jardins de rosas de Shiraz e dos tranquilos pátios dos palácios árabes, arrancado do coração de um grande amante por meio de uma perda cruel, irreversível. As mesquitas dos Mogulen e seus túmulos podem ser puros e singelos, seus divãs ou aposentos de audiências de beleza imaculada, mas o Taj Mahal é uma revelação. Ele é totalmente não indiano. É muito mais uma planta que poderia germinar e florescer na rica terra indiana, como nunca em qualquer outro lugar. É eros em sua forma mais pura; nele não há nada secreto e nada simbólico. Ele é a expressão sublime do amor humano por um ser humano.

GW 10, § 990

Significativamente o antigo eros é um deus, cuja divindade ultrapassa os limites do humano e por isso não pode ser entendido nem descrito. Eu poderia tentar, como tantos outros antes de mim, aproximar-me desse demônio, cuja influência se estende dos espaços infinitos do céu até os abismos mais obscuros do inferno, mas falta-me a coragem de procurar aquela linguagem que possa expressar adequadamente os ilimitados paradoxos do amor.

Erinnerungen, 355s.

Quando se tenta entender todas as coisas estranhas que Freud colocou no conceito de sexualidade, podemos ver que ele ampliou os limites desse conceito para além de todas as medidas cabíveis. Assim seria melhor usarmos o termo "eros" para o que ele na verdade quer dizer, o pan-eros, que tem base em antigas ideias filosóficas e que, gerando criativamente, zela pela natureza viva. "Sexualidade" é uma expressão muito infeliz para isso. O conceito de sexualidade já foi fortemente marcado, ele possui determinados limites, a ponto até de se negar que a palavra "amor" tenha o mesmo significado. Mesmo assim Freud refere-se frequentemente ao amor quando fala apenas de sexualidade, o que pode ser confirmado facilmente em inúmeros exemplos extraídos de seus escritos.

GW 10, § 5

Ouço frequentemente a pergunta: por que justamente o conflito erótico tem de ser a causa da neurose, e não talvez outro conflito qualquer? Então só podemos dizer: ninguém alega que isso tem de ser assim, mas na verdade constata-se que isso é assim (apesar de tantos primos e primas, pais, padrinhos e educadores indignarem-se contra isso). Apesar de todas as indignações, o amor, com seus problemas e conflitos, tem um significado fundamental para a vida humana e, como se constata em pesquisas minuciosas, uma importância bem maior do que supõe o indivíduo.

GW 7, § 423

A discussão do problema sexual é apenas o início meio cru de uma questão muito mais profunda, diante da qual sua importância empalidece; trata-se da questão do relacionamento anímico entre os gêneros. Com essa questão entramos no domínio da mulher. Sua psicologia baseia-se no princípio do eros, aquele que une e separa, enquanto que desde tempos imemoriais se atribui ao homem o logos como princípio máximo. Na linguagem moderna, poderíamos expressar o conceito de eros como relação anímica e o de logos como interesse material.

GW 10, § 254s.

É muito difícil para um homem racional reconhecer o que realmente acontece com seu eros. Uma mulher não tem nenhuma dificuldade especial em reconhecer o princípio de eros na relação, mas para um homem, cujo princípio é o logos, isso é muito difícil. Por outro lado, a mulher tem dificuldade em perceber como sua mente funciona. No homem o eros é menos valorizado, nas mulheres é o logos. Um homem precisa ter muito de feminino em si para sentir o relacionamento. O eros é tarefa da mulher. Podemos trabalhar por mais de meio ano com um homem até que ele reconheça seus sentimentos, e o mesmo vale para a mulher, no caso de sua razão. É essa a grande diferença.

Traumanalyse 115s.

Quero acrescentar que o logos só é ideal quando contém o eros; de outra forma o logos não é nada dinâmico. Um homem que é apenas logos pode ter um intelecto muito afiado, mas não é nada além de um racionalista árido, e o eros que não contém nenhum logos em si nunca entende coisa alguma, não há nada nele além de um cego apego. Essas pessoas podem estar ligadas a deus sabe o quê, como certas mulheres totalmente absorvidas por sua pequena família feliz – primos, parentes etc. – e em toda essa maldita coisa não há nada, é tudo completamente vazio.

Traumanalyse, 748

No homem o desenvolvimento do instinto normal começa na esfera cloacal e precisa atravessar esse escuro vale. O caminho à descoberta da mulher vai de baixo para cima e não de cima para baixo. O desenvolvimento do instinto é um desenvolvimento "per vias naturales". Mas quando ele permanece exclusivamente na sexualidade, sem que o eros seja acrescentado, isso produz na mulher a pior das decepções. Geralmente os homens quase nunca levam isso em conta.

Kinderträume, 323

Mas em sua maioria os homens são eroticamente cegos, na medida em que incorrem no imperdoável equívoco de confundir o eros com a sexualidade. O homem acha que possui uma mulher quando ele a tem sexualmente. Nunca ele a tem tampouco. Pois para a mulher só o relacionamento erótico é realmente determinante. Para ela o casamento é um relacionamento que agrega a sexualidade.

GW 10, § 255

Espera-se que a alma não fique triste depois do ato sexual, mas no casamento, depois da cópula, frequentemente surgem os piores conflitos e equívocos, pois a sexualidade não se aproxima do eros.

Traumanalyse, 205

Ao contrário dos acordos e relações materiais, o relacionamento humano passa justamente pelo anímico, aquele campo intermediário que se estende do mundo dos sentidos e dos afetos até o espírito e contém algo de ambos, sem prejudicar sua estranha singularidade.

Nesse campo, o homem precisa ter coragem de entrar, se ele quiser ir ao encontro da mulher. Como por causa das circunstâncias ela foi obrigada a adquirir um pouco de masculinidade e com isso evitar a estagnação numa feminilidade antiquada, meramente instintiva, alienada e perdida no mundo dos homens, como um bebê espiritual, o homem se verá obrigado a desenvolver um pouco de feminilidade, isto é, tornar-se vidente psicológica e eroticamente, para não ter de correr atrás da mulher, admirando-a desesperançado e juvenil, correndo o risco de ser colocado no bolso por ela.

GW 10, § 258s.

Ali onde predomina o amor não há vontade de poder, e onde há predominância do poder, não há amor. Um é a sombra do outro. Aquele que se coloca do ponto de vista do eros tem o oposto compensador na vontade de poder. Mas aquele que enfatiza o poder tem como compensação o eros. Vista do ângulo unilateral do posicionamento da consciência, *a sombra é uma parte de menor importância da personalidade*, e por isso é reprimida por uma intensa resistência. Mas aquilo que é reprimido precisa tornar-se consciente para que se crie uma tensão dos opostos, sem a qual não há possibilidade de continuidade do movimento. De certa forma, a consciência é em cima e a sombra é embaixo, e como o que está no alto sempre tende a descer às profundezas, o quente ao frio, assim toda consciência, talvez até sem se perceber, busca por seu oposto inconsciente, sem o qual ela é condenada à estagnação, ao assoreamento ou à fossilização. Só nos opostos é que a vida se acende.

GW 7, § 78

Quais dos pontos de vista (eros ou vontade de poder) está correto? [...] No primeiro caso o eu só está para o eros como uma espécie de apêndice; no último caso o amor é apenas um meio para chegar à superioridade. Aquele que tem o eu no coração revolta-se contra a primeira versão, mas aquele para quem o eros é importante nunca se poderá conciliar com a segunda versão.

GW 7, § 55

Certamente o eros está sempre presente em todos os lugares, certamente o instinto de poder permeia o mais elevado e mais profundo da alma; mas a alma não é somente um ou outro, ou até ambos juntos, mas também o que ela faz a partir disso e o que fará. Entende-se uma pessoa apenas em parte, quando se sabe de onde surgiu tudo o que há nela. Se dependesse apenas disso, ela poderia inclusive já ter morrido há muito tempo. Ela não é entendida como um ser vivo, pois a vida não tem apenas um ontem, e ela não é explicada quando o hoje é reduzido ao ontem. A vida também tem um amanhã, e o hoje só é entendido quando podemos adicionar a nosso conhecimento aquilo que foi ontem e também as inserções ao amanhã. Isso vale para todas as manifestações psicológicas de vida, mesmo para os sintomas doentios. Os sintomas da neurose não são na verdade apenas consequências de causas do passado, quer seja a "sexualidade infantil" ou o "instinto infantil de poder", mas também são tentativas de uma nova síntese de vida – à qual devemos acrescentar, no mesmo barco, as tentativas frustradas, que mesmo assim não deixam de ser tentativas, com uma essência de valor e de significado. São sementes que falharam em sua germinação por causa da adversidade das condições de natureza interna e externa.

GW 7, § 67

Sobre o Casamento

"Raramente, ou melhor, nunca um casamento evolui a um relacionamento individual de forma serena e sem crises. Não há conscientização sem dores."

GW 17, § 331

Um homem pode achar que o relacionamento com sua mulher é exclusivamente coletivo. Mas isso não é suficiente. Ele deveria ter um relacionamento individual com ela; quando este não existe, não há um ajuste individual. Então ele é somente aquele marido comum, plenamente honrado, e sua mulher é a mulher com a qual ele está comprometido na instituição do casamento. Ele tenta cumprir seu dever de marido, assim como tenta ser o bom diretor de uma empresa. Mas sua esposa é uma mulher especial, com a qual ele deveria ter uma relação especial.

Para entender o casamento precisamos imaginá-lo como uma instituição e levar em conta seu significado histórico. Desde tempos imemoriais o casamento existe como um arranjo conjugal, e existiam pouquíssimos casamentos por amor; ele era em primeira linha um negócio de troca. As mulheres eram compradas e vendidas; nas famílias reais ele ainda é quase sempre uma espécie de feira de gado, e em famílias muito ricas isso não é diferente. Entre os camponeses isso certamente ainda é assim – por motivos essencialmente econômicos. Desse modo, frequentemente unimos o "útil ao agradável", como dizemos, isto é, o dinheiro se casa com o dinheiro. O casamento é uma instituição coletiva, o relacionamento no casamento é um relacionamento coletivo. Quando chegaram os tempos de pessoas mais esclarecidas e passou a existir certa cultura, o indivíduo começou a ser mimado; atualmente se têm mais desejos e exigências. As pessoas psicologizam e querem entender as coisas, e depois constatam que na realidade não combinam com a outra pessoa, e não têm com ela um relacionamento autêntico. Depois de uma grande catástrofe, procuram um recinto impermeável à água, onde podem sentir-se seguras; qualquer recinto serve, contanto que o telhado não tenha goteiras; mas não têm um relacionamento com esse recinto, ele é só um buraco qualquer com um telhado por cima, que oferece uma relativa segurança. Antigamente, sob condições de barbárie nas tribos primitivas, bem ou mal qualquer mulher servia. Isso explica o incesto entre os camponeses. Existem casos extraordinários na Suíça. Eis um caso do qual ouvi falar há pouco. Um menino camponês queria casar-se; ele e sua mãe tinham uma boa propriedade, por isso a mãe lhe disse: "Por que se casar? Precisaríamos alimentar mais bocas; eu teria de ir embora, e você precisaria me sustentar. Se você quer uma mulher, pegue-me". Assim é o camponês, e isso ocorria por razões econômicas. Em determinadas regiões os tribunais explicavam que o incesto por razões econômicas era tão frequente que nem valia a pena perder tempo com ele, não valia o esforço. Em todos os lugares descobre-se esse tipo de coisa. Em algumas das ilhas britânicas, entre outras, como as Hébridas, as pessoas vivem de forma extremamente coletiva, vivem de forma instintiva e nem um pouco psicologicamente. Portanto a base do casamento é sempre essencialmente coletiva; o elemento pessoal é conquista de uma época mais cultivada, e só em tempos mais recentes o casamento tornou-se um problema que pode ser discutido sem que as pessoas sejam acusadas de imoralidade. A moral é a única coisa que não se pode melhorar, é o que dizem. É realmente a única coisa!

Atualmente temos um grande problema, porque esse relacionamento conjugal coletivo não é mais o que as pessoas esperam do casamento – ou seja, um relacionamento individual, o que é extremamente difícil de se conseguir. O casamento como tal apresenta um obstáculo. É simplesmente a verdade. Pois o mais forte no ser humano é a *"participation mystique"*, apenas "você e seu cão na escuridão", que é mais forte do que a necessidade de individualidade. Vivemos como um objeto e depois de algum tempo assimilamo-nos mutuamente e tornamo-nos semelhantes. Tudo o que vive junto influencia-se mutuamente; surge uma *participation mystique*; o *mana* de um assimila o *mana* de outro. Essa identificação, esse apego, é um grande obstáculo para um relacionamento individual. Quando se é idêntico, não há possibilidade de um relacionamento; este só é possível quando há separação. Como a *participation mystique* é a situação usual do casamento, principalmente quando as pessoas se casam jovens, um relacionamento individual é impossível. Talvez ambos escondam seus segredos um do outro; quando os revelam, podem até estabelecer um relacionamento. Ou talvez nem tenham segredos para transmitir; então não há nada que os proteja dessa *participation mystique*, eles afundam nesse abismo sem chão da identificação e depois de um tempo descobrem que não acontece mais nada.

Traumanalyse, 88s.

Não sou só eu quem me sinto tão doido por ser casado dessa maneira, todos nós somos casados assim, de acordo com antiquíssimas regras, ideias consagradas, tabus etc. O casamento é um sacramento com leis irrevogáveis; devemos criticar os costumes, não as pessoas individualmente.

Traumanalyse, 91

Se não foi a razão ou a astúcia, ou o assim chamado amor solícito dos pais que arranjou o casamento dos filhos, e se o instinto primitivo das crianças não foi mutilado pela educação errônea nem pela influência secreta de complexos paternos reprimidos e negligenciados, a escolha do parceiro ocorre normalmente por motivos inconscientes, instintivos. A inconsciência produz a indiferenciação, a identidade inconsciente. A consequência prática é que um pressupõe que o outro tenha uma estrutura psicológica semelhante. A sexualidade normal como uma vivência conjunta e aparentemente de mesma diretriz fortalece o sentimento de unidade e identidade. Esse estado é definido como *harmonia* completa e louvado como uma grande felicidade ("um coração e uma alma"); e com razão, pois o retorno àquele estado inicial de inconsciência e unidade sem consciência é como um retorno à infância (daí os gestos infantis dos enamorados) e muito mais, como um retorno ao regaço materno, aos mares cheios de pressentimentos de uma plenitude criadora ainda inconsciente. Sim, é uma vivência autêntica e inegável da divindade, cuja força suprema apaga e devora tudo o que é individual. É uma verdadeira comunhão com a vida e com o destino impessoal. A vontade própria que mantém o "eu" é rompida, a mulher torna-se mãe, o homem torna-se pai e assim ambos são privados da liberdade e transformados em instrumentos da vida que continua.

GW 17, § 330

Em certo sentido é normal que as crianças provoquem uma repetição do casamento de seus pais. Psicologicamente isso é importante, assim como biologicamente, para o desenvolvimento de uma boa raça e certa perda de noção das coisas também necessária. Assim surge a continuidade ao presente, uma progressão sensata da vida, uma evolução daquilo que passou. Só um demais ou de menos nessa direção não é saudável. Então, se por um lado as semelhanças positivas ou negativas dos pais foram decisivas na escolha amorosa, a libertação da imagem paterna, e com isso da infância, não foi completa. Apesar de a infância ser levada junto, por causa da continuidade histórica, isso não pode acontecer às custas da continuidade do desenvolvimento. Uma vez, lá pela metade da vida, apaga-se a última centelha das ilusões da infância – isso aliás, só numa vida imaginada como ideal, pois não são poucos os que descem ao túmulo com suas mentalidades infantis – e da imagem paterna surge o arquétipo da pessoa adulta, uma imagem do homem vista pela mulher desde tempos antigos, e uma imagem da mulher como o homem a carrega em si desde a eternidade.

GW 10, § 73s.

Sabe, quando vivemos com alguém com quem não temos um relacionamento autêntico, ligamo-nos inconscientemente a essa pessoa. E esse relacionamento especial inconsciente produz um estado psicológico que poderíamos comparar com um *continuum* em que ambos se comportam como se estivessem no mesmo tanque debaixo d'água. Eles estão debaixo do mesmo teto, no mesmo barco, o que provoca uma forma especial de relacionamento direto. Esse relacionamento inconsciente produz os mais estranhos fenômenos, como sonhos, por exemplo, que obviamente não são os do sonhador. Quando se trata de um casal, então o homem pode sonhar os sonhos de sua mulher ou o contrário, ou um dos dois pode ser obrigado a fazer alguma coisa que não veio de sua própria psicologia, mas da psicologia do outro. Estes são os sintomas de uma *participation mystique* desse tipo.

Traumanalyse, 645

Uma harmonia familiar muito boa, que se baseia na participação, logo produz as mais intensas tentativas por parte do cônjuge de se libertar e romper com o outro. Então eles inventam os mais irritantes temas de discussão, só para terem um motivo de se sentirem incompreendidos. Se você resolver estudar a psicologia mediana do casamento, então vai descobrir que a maior parte das dificuldades reside nessa invenção habilidosa de temas irritantes, que absolutamente não possuem nenhum fundamento.

GW 18/I, § 158

Quando alguém se queixa de que não consegue lidar com a mulher ou com as pessoas de que gosta, sempre ocorrem brigas horríveis e reações; então você poderá perceber, na análise dessa pessoa, que na verdade ela teve um ataque de ódio. Ela viveu numa *participation mystique* com aqueles que ama. Estendeu-se sobre os outros até tornar-se idêntica a eles, e isso é uma transgressão ao princípio da individualidade. Naturalmente então ela sofrerá reações e precisará retirar-se. Então eu digo: "Naturalmente é lamentável que você sempre tenha dificuldades, mas não está vendo o que faz? Você ama alguém, identifica-se com ele, depois volta-se naturalmente contra o objeto de sua afeição e oprime-o por meio de sua identidade óbvia demais. Você o trata como se fosse você mesmo e naturalmente surgem então as reações. É uma ofensa à individualidade da outra pessoa, e um pecado contra sua própria individualidade. Essas reações são um instinto extremamente útil e importante; você vivencia cenas e decepções para que finalmente tome consciência de si mesmo, e então o ódio desaparece".

Kundalini, 64

―――◆―――

Quando analisamos pessoas casadas ou que têm um relacionamento muito íntimo, mesmo que não seja um casamento, então não podemos tratar sua psicologia simplesmente como uma coisa separada; é como se tivéssemos de lidar com duas pessoas, e é extremamente difícil adivinhar, a partir do relacionamento, o que pertence a cada um deles. Constatamos sempre que a assim chamada psicologia individual de um caso como esse só se explica sob o pressuposto de que uma pessoa representa ao mesmo tempo um papel importante nessa consciência; em outras palavras, trata-se da psicologia do relacionamento, e não da psicologia de um indivíduo isolado. É até muito difícil separar as partes individuais das partes que pertencem ao relacionamento. Portanto, nem podemos encarar um sonho desse tipo como sua propriedade exclusiva; ele pertence, na mesma medida, também a sua mulher. Sua psicologia está nela como a dela está em você, e todo o sonho que ambos sonham é mais ou menos uma expressão dessa ligação. É como se uma pessoa, numa íntima relação anímica, perdesse suas duas pernas, dois braços e uma cabeça, e agora passasse a ter quatro pernas e quatro braços, duas cabeças e duas vidas. Um dos parceiros é permeado pela esfera anímica do outro, e assim também eles se permeiam mutuamente com toda a problemática de vida, todo problema espiritual. Grande parte de seu material psicológico é material de relacionamento, que exibe a marca de duas almas.

Traumanalyse, 602s.

A pessoa normal é uma ficção, apesar de existirem certas normas gerais. A vida anímica é uma evolução que pode ser paralisada já nos primeiros degraus. É como se cada indivíduo tivesse um peso específico e, de acordo com ele, esse indivíduo sobe ou desce àquele degrau em que alcança seu limite. De acordo com isso também é que são formadas suas opiniões e convicções. Por isso, não é de se admirar se a maior parte de todos os casamentos alcança seu limite psicológico máximo com a determinação biológica, sem danos à saúde espiritual e moral. Relativamente poucos conseguem chegar a uma unidade mais profunda consigo mesmos. Ali onde existe muita demanda externa, o conflito não consegue alcançar uma tensão dramática, por falta de energia. Mas, proporcionalmente à segurança social, cresce a insegurança psicológica, primeiro inconscientemente, produzindo separações, brigas, divórcios e outros "equívocos conjugais". Em degraus mais elevados são vislumbradas novas possibilidades psicológicas de evolução, que tocam a esfera religiosa, na qual termina o julgamento crítico.

GW 17, § 343

Não podemos afirmar se alguma coisa é errada ou certa. Como podemos julgar? A vida humana e o destino humano são tão paradoxais que mal podemos estabelecer uma regra que corresponda a eles. Quando uma determinada mulher se casa com um determinado homem, geralmente se pressupõe a existência de um relacionamento sexual entre eles, mas alguma coisa mais forte do que o poder da sexualidade também poderia levá-los a se unirem, em função de outros objetivos bem diferentes. Devemos considerar essas coisas porque elas realmente acontecem, e quando tratamos desses casos, então conseguimos obter uma extraordinária tolerância diante dos diversos caminhos do destino. Pessoas que têm um determinado destino a viver tornam-se neuróticas quando as impedimos de vivê-lo, mesmo quando, de acordo com a verdade estatística, ele não passa de uma tremenda bobagem. A água efetivamente às vezes corre montanha acima. Do ponto de vista racional isso pode ser falso, mas essas coisas acontecem, e precisamos aceitá-las. Reconhecemos que elas têm certo sentido, pois na verdade não temos um ponto de vista a partir do qual poderíamos impedi-las. Elas contribuem para a plenitude da vida, e a vida deve ser vivida. Não deveríamos pretender ensinar um tigre a comer maçãs. Um tigre só é um tigre quando come carne; um tigre vegetariano é uma completa bobagem.

Traumanalyse 494s.

Antigamente não se contava com o fato de o homem ser "duplo", um ser que tem um lado consciente, que ele sabe que tem, e um lado inconsciente, do qual ele não sabe nada, mas que não precisa permanecer oculto a nosso semelhante. Quantas vezes não criamos todo tipo de "histórias" das quais nem temos consciência, mas que os outros até chegam a ver e sentir. A pessoa vive como alguém cuja mão não sabe o que a outra está fazendo. O reconhecimento de que precisamos contar com a existência de um inconsciente é um fato revolucionário. A consciência como uma instância ética só vai tão longe quanto o ser consciente. Quando o homem não sabe de nada, ele pode fazer as coisas mais maravilhosas e mais terríveis sem ter consciência ou noção do que está fazendo. As ações inconscientes sempre parecem naturais e por isso não são consideradas criticamente. Então ficamos espantados com as reações incompreensíveis do entorno, ao qual também atribuímos a responsabilidade por isso, isto é, não vemos o que fazemos, e para todas as consequências dessas ações procuramos as causas nos outros.

Sob esse aspecto, os casamentos nos dão exemplos instrutivos do quanto percebemos o cisco no olho do outro e não vemos a viga de madeira em nosso próprio olho. De abrangência significativamente maior, até incomensurável, são as projeções da propaganda de guerra, em que os maus hábitos deploráveis da vida civil são elevados a um princípio. O "não-querer-ver" e a projeção dos próprios erros estão no início da maioria das brigas e são a mais forte garantia de que a injustiça, a hostilidade e a perseguição não morrerão tão cedo. Ao nos mantermos inconscientes sobre nós mesmos, também não vemos nossos próprios conflitos. Consideramos até mesmo impossível a existência de conflitos inconscientes. Por outro lado, existem muitos casamentos nos quais se contorna com todo o cuidado aquele material conflituoso, ao qual um dos parceiros realmente se convence de que é imune, enquanto o outro fica atolado até o pescoço pelos complexos laboriosamente reprimidos, chegando quase a sufocar.

Uma situação como essa frequentemente tem um efeito nocivo sobre as crianças. Sabemos que não é raro as crianças terem sonhos que tratam dos problemas indizíveis dos pais. Esses problemas sobrecarregam as crianças, porque os pais, sem consciência deles, nunca tentaram lidar com as próprias dificuldades, e assim se cria algo como uma atmosfera envenenada. Por isso também as neuroses infantis têm relação, em grande parte, com os conflitos dos pais.

GW 18/II, § 1803s.

Há muito minha profissão tem me obrigado a considerar a singularidade do indivíduo e a situação especial em que eu, ao longo dos anos – não sei quantos – tratei de casamentos, tentando tornar plausível a vida em comum de homem e mulher, constatando certas verdades comuns a todos e ainda enfatizadas. Quantas vezes fui, por exemplo, obrigado a dizer: "Veja, sua mulher tem uma natureza muito ativa; e não podemos realmente esperar que toda a existência dela se desenrole no ambiente doméstico". Com isso afirma-se uma tipificação, uma espécie de verdade estatística. Existem *naturezas ativas e passivas*.

GW 6, § 937

O introvertido vê tudo o que é, de alguma forma, valioso em seu sujeito; por outro lado, o extrovertido vê isso no objeto. E vice-versa, ao introvertido a dependência do objeto parece coisa de menor valor, por outro lado, para o extrovertido a coisa de menor valor é a preocupação com o sujeito, que ele só consegue entender como autoerotismo infantil. Portanto, não é de se admirar que os dois tipos briguem entre si. Mas isso não impede que o homem, na maioria dos casos, provavelmente se case com uma mulher do tipo oposto. Esses casamentos são muito valiosos, como simbioses psicológicas, enquanto os parceiros não tentem entender "psicologicamente" um ao outro. Uma fase desse tipo faz parte das manifestações normais do desenvolvimento de todo casamento, em que os cônjuges, ou na necessária inércia ou na necessária pulsão de desenvolvimento, ou até em ambos ao mesmo tempo, precisam de uma correspondente dose de coragem para não deixar que a paz conjugal se rompa. Quando, por exemplo, as circunstâncias vantajosas o permitem, essa fase surge na vida dos dois tipos de forma totalmente automática, pelas seguintes razões: *O tipo é um dos lados do desenvolvimento*. Um deles desenvolve apenas suas relações para fora e negligencia seu interior. O outro as desenvolve apenas para dentro e permanece parado para fora; mas com o tempo surge para o indivíduo a necessidade de desenvolver também o que foi negligenciado até então.

GW 6, § 898

Até mesmo o melhor dos casamentos não consegue nivelar tão perfeitamente as diferenças individuais, a ponto de tornar as condições dos cônjuges absolutamente idênticas. Geralmente um deles vai se encontrar mais depressa no casamento do que o outro. Com base num relacionamento mais positivo com os pais, um deles terá menos ou nenhuma dificuldade de adaptação ao cônjuge, enquanto o outro se sentirá mais bloqueado, por causa de uma ligação inconsciente profunda com os pais, que ainda permanece. Por isso só mais tarde ele conseguirá chegar a uma adaptação completa e, como esta foi conseguida com mais dificuldade, talvez também se manterá por mais tempo.

GW 17, 331b

Na prática o casamento é uma realidade brutal, mas ele é o *experimentum crucis* da vida. Espero que você aprenda a *tolerar*, ao invés de lutar contra as opressivas necessidades do destino. Só assim você permanecerá no centro.

Briefe 1, 222

Para a mulher atual – os homens deveriam lembrar-se disso – o casamento da Idade Média não é mais um ideal. Mas ela esconde de si mesma essa dúvida e a própria rebeldia; no primeiro caso, porque é casada e assim acha extremamente inoportuno a porta do cofre não se fechar hermeticamente; no segundo, porque é solteira e decente demais para tomar consciência de suas tendências assim, sem rodeios. Mas a porção de masculinidade conquistada torna impossível para ambos considerarem o casamento em sua forma tradicional ("ele tem de ser seu dono") como algo plenamente confiável. Masculinidade quer dizer: saber o que se quer e fazer o que for preciso para se alcançar o objetivo. Uma vez que se aprende isso, tudo se torna tão claro que nunca mais poderá ser esquecido – sem violentos danos à alma. A independência e a crítica conquistadas por esse conhecimento são valores positivos e assimilados como tais pela mulher. Por isso ela não pode renunciar a eles. E vice-versa, o homem que conseguiu desenvolver a necessária porção de visão em sua alma, com não poucos esforços e até mesmo com dores, nunca a deixará, porque já se convenceu demais da importância do que foi conquistado. Se olharmos a distância, deveríamos achar que com isso homem e mulher estariam em condições de tornar o casamento perfeito. Mas, na realidade, e olhando de perto, não é o que acontece; muito pelo contrário, primeiro surge um conflito no qual aquilo que a mulher faz a partir de sua consciência não agrada ao homem, e os sentimentos que ele descobre em si mesmo desagradam à mulher. Na verdade, aquilo que ambos descobriram não são virtudes ou valores em si, mas em comparação com o almejado, é uma coisa *inferior*, que, entendida como um escoadouro de humores ou arbitrariedades pessoais, poderia ser justamente condenada. E via de regra é assim mesmo que as coisas acontecem. Mas com isso também ocorre uma meia-justiça. A masculinidade da mulher e a feminilidade do homem são inferiores, e é lamentável que o valor total seja atrelado a algo inferior. Por outro lado, as sombras também fazem parte da personalidade como um todo; em algum ponto, o forte deve poder ser fraco, o esperto tolo, senão ele se torna desacreditado e propenso à afetação e ao blefe. Afinal, não é uma antiga verdade que a mulher ama mais a fraqueza do que a força do forte e a tolice do esperto mais do que sua esperteza? É isso que quer o amor da mulher, ou seja, o homem por inteiro, não o "apenas--homem", acrescentando a isso ainda sua vaga negação.

Pois o amor da mulher não é um sentimento – isso só ocorre no homem – mas um anseio de vida, que às vezes é assustadoramente não sentimental e pode até forçar seu autossacrifício. Um homem que é amado assim não consegue fugir de sua inferioridade, pois a essa realidade ele só pode responder com sua própria realidade. E a realidade das pessoas não é uma bela imagem, mas uma reprodução fiel da eterna natureza humana que interliga toda a humanidade, sem diferenças, uma reprodução da vida humana com todos os seus altos e baixos, comum a todos nós.

GW 10, § 260s.

Cada vez mais a mulher sabe que só o amor pode dar-lhe um formato mais completo, assim como o homem começa a perceber que só o espírito confere a sua vida um sentido mais elevado, e basicamente ambos buscam o relacionamento anímico, porque o amor do espírito e o espírito do amor precisam de completude.

A mulher sente que o casamento não é mais uma segurança real, pois do que lhe vale a fidelidade do marido quando ela sabe que os sentimentos e pensamentos dele passam ao largo e que ele é apenas certinho e covarde demais para correr atrás deles! De que lhe vale sua própria fidelidade, quando ela sabe que com isso é apenas uma escrava, uma propriedade legal do marido, e assim deixa sua alma atrofiar? Ela nota a existência de uma fidelidade mais elevada, em espírito e no amor, para além da fraqueza e da imperfeição humanas.

GW 10, § 269s.

Tradicionalmente o homem é considerado o perturbador da paz conjugal. Esse ditado tem sua origem em tempos antigos, há muito passados, em que os homens ainda tinham tempo para todo tipo de diversão. Mas hoje a vida apresenta ao homem tantas exigências que o nobre fidalgo Don Juan pode, no máximo, ser visto no palco de um teatro. Mais do que nunca o homem ama seu conforto, pois vivemos na era da neurastenia, da impotência e das "*easy chairs*". Ele não tem mais energia sobrando para subir em janelas e se envolver em duelos. Se for para acontecer algo na linha do rompimento conjugal, deverá ser algo leve. Não deverá de modo algum custar demais, por isso a aventura só pode ser passageira. Basicamente o homem de hoje tem muito medo de colocar em perigo o casamento, como instituição. Nesse aspecto ele acredita, via de regra, no "*quieta non movere*", e por isso sustenta a prostituição. Posso apostar que na Idade Média, com seus famosos balneários e sua prostituição irrestrita, o rompimento do casamento era relativamente mais frequente do que hoje. Portanto, sob esse ponto de vista, o casamento seria mais seguro do que nunca. Mas na realidade ele está começando a ser discutido. É um mau sinal quando os médicos começam a escrever livros com sugestões para se alcançar um "casamento perfeito". Gente saudável não precisa de médicos. Mas o casamento atual realmente se tornou um tanto inseguro.

GW 10, § 248

Enquanto para a compreensão do homem comum, o amor, em seu sentido mais essencial, coincide com a instituição do casamento, e além deste só existe seu rompimento ou a amizade concreta, para a mulher, o casamento não é uma instituição, mas sim um relacionamento humano, erótico: pelo menos é nisso que ela quer acreditar. Como seu eros não é puro, mas também admite outros elementos inconfessáveis, como, por exemplo, a conquista de uma posição social por meio do casamento, o princípio não pode ser aplicado incondicionalmente. Ela imagina o casamento como um relacionamento exclusivo, cuja exclusividade consegue suportar mais facilmente sem se entediar mortalmente quando, na medida em que tem filhos ou parentes próximos, também pode ter com eles um relacionamento tão próximo quanto o que tem com o marido. O fato de não ter um relacionamento sexual com eles não significa nada, porque ela se importa muito menos com o sexo do que com o relacionamento anímico. Mas já é suficiente que ela, assim como o marido, acreditem que seu relacionamento é único e exclusivo.

GW 10, § 255

Nenhum homem é tão exclusivamente masculino a ponto de não possuir nada de feminino em si. O fato é que justamente homens muito masculinos possuem uma vida afetiva (aliás bem protegida e escondida) bastante sensível, muitas vezes definida, injustamente como "feminina". Considera-se uma virtude do homem reprimir ao máximo os traços femininos, assim como para a mulher, pelo menos até agora, era inconcebível ser machona. A repressão das características e tendências femininas leva naturalmente a uma acumulação dessas tensões no inconsciente. A imago da mulher (a alma) torna-se também naturalmente o receptáculo dessas pretensões, por isso o homem, em sua escolha amorosa, muitas vezes tenta conquistar aquela mulher que corresponde melhor a sua própria feminilidade inconsciente; portanto, trata-se de uma mulher que pode assumir a projeção de sua alma sem muita hesitação. Apesar de essa escolha frequentemente ser vista e sentida pelo homem como um caso ideal, do mesmo modo ela pode ser sua própria e pior fraqueza, com quem desse modo ele acaba casando-se de forma bem visível.

GW 7, § 297

Ao ver como um intelectual típico tem medo de se apaixonar, vocês vão achar esse medo muito tolo. Mas supostamente esse homem tem bons motivos para isso, pois muito provavelmente nesse caso ele vai realmente comportar-se de um modo bastante insensato. Será dominado por seus sentimentos, pois estes só reagem a um tipo arcaico ou perigoso de mulher. Por isso alguns intelectuais têm a tendência de se casarem com uma pessoa de nível inferior. Provavelmente eles serão fisgados pela zeladora ou pela cozinheira; na verdade eles caem na armadilha de seus próprios sentimentos arcaicos, dos quais não precisam prestar contas a si mesmos. Por isso é que eles têm medo, e com razão, pois seus sentimentos podem levá-los à ruína. No pensamento eles são inatingíveis, são fortes e independentes. Mas no que se refere aos próprios sentimentos, eles podem ser influenciados, dominados, traídos e usados, e sabem disso muito bem. Por isso nunca deveríamos querer penetrar à força no sentimento de um intelectual. Ele reprime esse sentimento com mão de ferro, porque sabe o quanto é perigoso.

GW 18/I, § 35

Todo homem honrado imagina que em relação à mulher as coisas funcionem por si só no casamento, isto é, que o casamento se desenvolve sozinho. Para ele a única coisa que não se desenvolve sozinha são os negócios. Para a mulher, a única coisa que não funciona por si só é o casamento, pois ele é o negócio dela. Uma considerável diferença de ponto de vista!

Traumanalyse, 188

Há algum tempo tive uma conversa com um homem que me contou a história de seu caso com outra mulher. Ela provocara nele um sentimento negativo por sua mulher. Expliquei-lhe que poderia falar abertamente com sua mulher, mas ele disse que seria impossível falar com ela sobre isso. Depois de certo tempo, encontrei a mulher dele, e ela me revelou sua própria longa série de casos: seis homens, um após o outro. Pegara uma gonorreia e atribuíra a culpa ao marido. Este tivera uma gonorreia antes do casamento, e o médico dissera à mulher que a doença talvez não estivesse totalmente curada. Assim, ele poderia infectá-la novamente. O homem se sentiu tão inferiorizado que nem me contou isso. Uma situação assim é exatamente a mesma do problema daqueles pais que têm pavor de falar sobre sexo com os filhos. As crianças dizem: "Como mamãe é boba, ela parece não saber nada sobre essas coisas".

Traumanalyse, 237

Os homens podem procurar prostitutas e mesmo assim se gabarem de continuar sendo corretos; e as mulheres podem fugir voando com demônios e mesmo assim alegarem ser esposas leais. Precisamos conformar-nos com o fato de o mundo ser muito sério e ao mesmo tempo muito cômico.

Traumanalyse, 87

Na realidade não existe uma pessoa que nunca tenha pecado ou que jamais tivesse esperanças de sair do pecado. Precisaria já estar morta. Quando ela não puder mais [pecar] tudo acaba. Mas não antes. Isso é fato. Ninguém pode convencer-me do contrário.

Quando você vê os santos, pensa: por Deus, quem é que afinal carrega todo o peso? Por exemplo, quem cuidou da mulher de Nicolau de Flues quando ele abandonou vários filhos e a mulher para se isolar no eremitério? Sim, *lá* ele era um santo! E sua mulher e seus filhos podiam ordenhar as vacas ou algo assim. Mas ele estava fora do jogo. Assim como Tolstoi, que na idade avançada também quis rapidamente se tornar um santo e doou todo o patrimônio da mulher. Afinal, ele era seu sustento, para comer. Tudo isso são infantilidades.

Uma vez vi um santo verdadeiro. Infelizmente não posso dar-lhes mais detalhes biográficos. Conversei com ele durante três dias, e a cada dia eu caía alguns penhascos a mais no abismo de minha pecaminosidade e de minha imperfeição. Na noite do terceiro dia não havia sobrado muita coisa de mim mesmo. Na manhã seguinte, a esposa dele me consultou. Sim, então eu me deparei com uma imagem bem diferente daquela magnificência toda! Escalei novamente todos os penhascos e saí do abismo totalmente recomposto. Estava saturado. E comentei: "Pois sim, essa é a assim chamada santidade".

Naturalmente também existem santos muito decentes, isso eu reconheço tranquilamente.

Über Gefühle, 61

———◆———

Por que afinal temos psicologia? Por que justamente hoje nós nos interessamos tanto pela psicologia? A resposta é: todo o mundo precisa dela. [...] Vivemos numa época em que começamos a compreender que o povo que vive do outro lado da montanha não se constitui simplesmente de demônios ruivos, responsáveis por toda a desgraça que acontece do lado de cá da montanha. Algo dessa obscura noção também se infiltrou no relacionamento entre os sexos: Nem todas as pessoas estão plenamente convencidas de que tudo o que há de bom reside em mim, e tudo o que há de ruim reside em você. Hoje existem pessoas modernas que se perguntam seriamente se no final das contas alguma coisa não está correta, se nós talvez não somos inconscientes demais, um pouco antiquados e por isso continuamos a usar impropriamente métodos medievais na questão das dificuldades entre os dois sexos e, por que não dizer, métodos dos homens das cavernas. Sim, existem pessoas que leram com horror a encíclica do papa sobre o casamento cristão, apesar de reconhecerem que para os habitantes das cavernas o assim chamado casamento "cristão" representa um grande progresso cultural. No entanto, a mentalidade pré-histórica ainda não foi de jeito nenhum superada e, justamente no âmbito da sexualidade, onde o ser humano percebe com mais clareza sua natureza de animal mamífero, ele vivencia seus mais notáveis triunfos; e é onde por outro lado foram introduzidos certos refinamentos éticos, que permitem ao ser humano, que tem por trás de si uma educação de dez a quinze séculos de cristianismo, subir para um plano um pouco mais elevado.

Nesse plano atua o espírito – um fenômeno psíquico incompreensível para os conceitos biológicos – num papel psicológico até bem importante. O espírito já tinha uma posição de destaque na ideia do casamento cristão e se mistura significativamente à discussão no moderno questionamento e desvalorização do casamento, negativamente como defensor do instinto e positivamente como defensor da dignidade humana. Não é de se admirar que com isso se estabeleça um conflito violento e desnorteador entre o ser humano como natureza instintiva e um ser cultural determinado pelo espírito. Mas o grave nisso tudo é que um deles quer sempre reprimir o outro à força, para estabelecer uma resolução assim chamada harmônica e unificadora do conflito. Infelizmente, muitos ainda acreditam demais nesse método, que é todo-poderoso na política, e são apenas poucos os que aqui e lá o amaldiçoam, considerando-o bárbaro e preferindo instalar um acordo justo, no qual as duas partes sejam ouvidas.

Desgraçadamente, na questão do relacionamento entre os sexos, nenhum deles consegue, sozinho, estabelecer um acordo; este só poderá ocorrer no relacionamento com o outro. Daí a necessidade da psicologia! Nesse plano a psicologia torna-se um "*plädoyer*", ou melhor, uma metodologia do relacionamento. A psicologia garante um verdadeiro *conhecimento* do outro sexo e substitui o aleatório *achismo*, fonte de incuráveis mal-entendidos, como aqueles que os casamentos de nossos tempos devastadoramente escondem.

GW 18/II, § 1799ss.

Sobre a Sociedade

"Como quer que seja, de qualquer modo é uma sorte que o ser humano traga dentro de si seu regulamento social, como uma necessidade inata."

GW 4, § 655

Gostamos de nos deixar levar pelo ridículo temor de que o ser humano seja mesmo o que ele realmente é, um ser totalmente insustentável, e, se todas as pessoas fossem como elas são na verdade, surgiria uma terrível catástrofe social. De forma extremamente unilateral muitos individualistas de hoje enxergam no ser humano, como ele é na verdade, apenas o elemento eternamente insatisfeito, anárquico e ambicioso, e esquecem totalmente que o mesmíssimo ser humano também criou as formas rigidamente fechadas da civilização atual, que possuem muito mais firmeza e força do que os fluxos anárquicos. A grande força da personalidade social é uma das condições mais indispensáveis da existência do ser humano. Se não fosse assim, o ser humano deixaria de existir. O que há de mais pretensioso e revolucionário na psicologia do neurótico não é a pessoa como ela é, mas uma caricatura infantil. Na realidade o ser humano normal é "conservador e moral", ele cria as leis e as observa; não porque isso lhe seja imposto de fora – seria uma ideia infantil – mas porque ele ama muito mais a ordem e a lei do que o capricho, a desordem e a ausência de leis.

GW 4, § 442

Eu seria muito propenso a admitir que os impulsos primários não são os egoístas, mas justamente os impulsos altruístas. O amor e a confiança da criança pela mãe, que a alimenta, cuida dela, protege, afaga – amor do homem pela mulher, considerado como a abertura a uma personalidade estranha –, amor da mãe pela cria, zelo por ela – amor pela parentela etc. Os impulsos egoístas devem seu surgimento primeiro ao desejo da posse exclusiva do objeto do amor, desejo de possuir a mãe com exclusividade, em relação aos irmãos, ao pai e à mãe, desejo de conquistar uma mulher só para si, desejo de possuir joias, roupas etc., só para si... Mas talvez você me diga que eu sou paradoxal, e que os impulsos, quer sejam de matiz egoísta ou altruísta, surgem ao mesmo tempo no coração das pessoas, e cada impulso é de natureza ambivalente. Mas eu pergunto: Os impulsos e sentimentos são mesmo ambivalentes? Será que são bipolares? Será que as qualidades emocionais são comparáveis entre si? Será que o ódio é mesmo o contrário do amor?

Como quer que seja, é uma sorte que o ser humano traga dentro de si seu regulamento social, como uma necessidade inata; senão estaríamos em maus lençóis em nossa humanidade cultural, que então só poderia submeter-se a leis impostas de fora. Ela cairia infalivelmente e bem depressa na mais total anarquia, por causa da morte das antigas crenças religiosas na autoridade.

GW 4, § 654s.

―――※◆※―――

Se pudéssemos melhorar o indivíduo, parece-me que seria criada uma base para se melhorar o todo. Um milhão de zeros ainda estão longe de formar o número um. Por isso tenho a impopular opinião de que até mesmo o melhor acordo do mundo só pode partir do indivíduo e ser realizado por ele. Mas neste caso, por causa dos imensos números implicados, essa verdade aparece como um nada quase desesperador. Mas suponhamos que alguém assuma o esforço de querer dar sua contribuição infinitesimal ao almejado ideal; então ele deve estar disposto a entender realmente a outra pessoa. Um pressuposto indispensável para isso é que ele entenda a si mesmo. Se não o fizer, então é inevitável que veja o outro apenas através da névoa dilaceradora e ilusória de seus próprios defeitos e projeções e aconselhe e atribua ao semelhante o que o aflige mais. Portanto, de certa forma, devemos entender a nós mesmos, se quisermos realmente nos entender com o outro.

Briefe II, 418s.

Para ter consciência de mim mesmo, preciso diferenciar-me do outro. Só quando existe essa diferenciação é que pode existir o relacionamento.

GW 17, § 326

É justamente o egoísmo dos doentes que me obriga, em prol de sua cura, a reconhecer o profundo sentido do egoísmo. Nisso se esconde – eu deveria ser cego se não o visse – uma autêntica vontade de Deus. Se o doente conseguir – e para isso preciso ajudá-lo – colocar em prática seu egoísmo, ele se afasta das outras pessoas, ele as empurra para trás, e assim elas se percebem; o que é justo que aconteça com elas, pois quiseram expulsar o " sacro egoísmo" do doente. Mas esse "sacro egoísmo" precisa ser mantido, pois é sua força mais forte e saudável, como eu disse, uma autêntica vontade de Deus, que muitas vezes o empurra a um total isolamento. Por mais miserável que seja essa condição, ela é muito útil, pois só nela o doente pode reconhecer-se, pode aprender a avaliar o quão inestimável é o amor das outras pessoas, e que sem isso ele apenas se sente no mais profundo abandono e solidão consigo mesmo, vivenciando forças bastante úteis.

Quando alguém já viu algumas vezes esses desdobramentos, não pode mais negar que aquilo que era ruim tornou-se bom, e que aquilo que parecia bom mantinha o mal vivo. O arquidemônio do próprio egoísmo é a *via regia* para aquela tranquilidade que produz a experiência religiosa primordial. É a grande regra de vida da enantiodromia, da conversão ao contrário, que possibilita a reunião das metades antagônicas da personalidade e com isso encerra a guerra civil.

Em nossa época, que atribui à socialização do indivíduo um peso tão grande, porque também é desejável que se faça um esforço especial de adaptação, a formação de grupos orientados psicologicamente adquire um maior significado. Mas na notória tendência do ser humano de se apegar aos outros e aos ismos em vez de encontrar segurança e independência em si mesmo, existe o perigo de o indivíduo transformar o grupo em mãe e pai e com isso permanecer tão dependente, inseguro e infantil quanto antes. Ele vai adaptar-se socialmente, mas o que ele é quanto individualidade, que sozinha torna o contexto social significativo?

Briefe II, 452

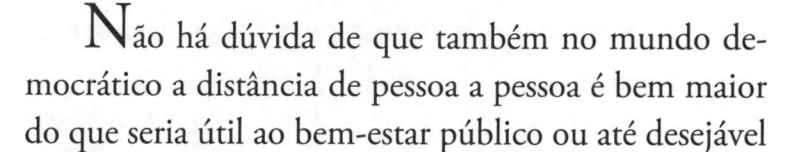

Não há dúvida de que também no mundo democrático a distância de pessoa a pessoa é bem maior do que seria útil ao bem-estar público ou até desejável à necessidade anímica.

GW 10, § 578

A questão dos relacionamentos humanos e da coesão interna de nossa sociedade é urgente, considerando-se a atomização do homem massificado, apenas amontoado, e cujos relacionamentos pessoais são minados pela desconfiança amplamente disseminada. Onde existe a influência da insegurança legalizada, da corrupção policial e do terror, as pessoas caem na individualização, o que na verdade é o objetivo e o propósito do estado ditatorial, pois ele se baseia na maior acumulação possível de unidades sociais vulneráveis. Diante desse perigo, a sociedade livre precisa de um meio aglutinador de natureza afetiva, quer dizer, um princípio como aquele apresentado pela Caritas, de amor ao próximo. Mas justamente o amor ao semelhante é o que mais sofre por causa da carência de compreensão provocada pelas projeções. Portanto, é do maior interesse da sociedade livre interessar-se pela questão do relacionamento humano do ponto de vista psicológico, porque nele é que reside sua verdadeira coesão e com isso também sua força. Onde termina o amor começam o poder, a violentação e o terror.

GW 10, § 580

O centro de toda vilania encontra-se a uma distância de alguns quilômetros atrás das linhas inimigas. Essa mesma psicologia primitiva também é a do indivíduo, e é por isso que toda tentativa que poderia tornar essas projeções – inconscientes há eternidades – conscientes, é sentida como irritante. Certamente gostaríamos de ter melhores relacionamentos com nossos semelhantes, mas naturalmente sob a condição de que correspondam a nossas expectativas, isto é, de que sejam portadores solícitos de nossas projeções. Mas quando tomamos consciência dessas projeções, estabelece-se facilmente uma maior dificuldade do relacionamento com a outra pessoa, pois começa a faltar a ponte da ilusão, sobre a qual o amor e o ódio podem fluir de forma libertadora e sobre a qual também todas aquelas supostas virtudes que os outros querem "erguer" e "melhorar" podem ser levadas fácil e libertadoramente ao ser humano. Como consequência dessa maior dificuldade, produz-se um acúmulo da libido, por meio do qual as projeções desvantajosas tornam-se conscientes. Então surge, para o sujeito, a tarefa de assumir por conta própria toda aquela vilania, ou seja, coisas diabólicas que atribuímos aos outros, sem susto, e sobre as quais nos indignamos uma vida inteira. Por um lado, o irritante nesse processo é a convicção de que, se todas as pessoas agissem assim, o mundo seria bem mais suportável e, por outro, a percepção de uma forte resistência contra o emprego desse princípio em nossa própria pessoa – e de forma séria. Se o outro fizesse isso... na verdade não desejamos outra coisa; mas quando devemos fazê-lo nós mesmos, achamos isso insuportável.

GW 8, § 517

Inicialmente a supressão das repressões pessoais leva à consciência conteúdos meramente pessoais, mas neles já estão incluídos os elementos coletivos do inconsciente, os instintos, qualidades e ideias (imagens) já existentes no geral, e também todas aquelas partes "estatísticas" de virtudes medianas e de responsabilidades medianas: "Todo o mundo tem em si algo de criminoso, de gênio e de santo", como se costuma dizer por aí. Assim, finalmente se forma uma imagem viva, que contém quase tudo o que se movimenta no quadro em preto e branco do mundo, o bem e o mal, o belo e o feio. Desse modo, prepara-se gradualmente uma semelhança com o mundo, sentida como muito positiva por muitas naturezas, e que eventualmente também representa o momento decisivo no tratamento da neurose. Vi alguns casos em que pela primeira vez na vida conseguiu-se despertar o amor e sentir o amor, ou em outro aspecto ousar o salto no desconhecido, que envolveu as pessoas no destino que lhes era mais adequado.

GW 7, § 236

É uma coisa muito amarga viver da fuga de si mesmo, e viver consigo mesmo exige uma série de virtudes cristãs que, neste caso, precisamos aplicar em nós mesmos; são elas: paciência, amor, fé, esperança e humildade. Certamente é uma grande coisa presentear o próximo com isso, mas logo o demônio do autorreflexo nos bate nas costas e diz: "Bem feito!". E como isso é uma grande verdade psicológica, para muitas pessoas ela precisa também ser virada ao contrário, para que o demônio tenha algo a criticar. Mas será que nos sentimos felizes quando temos de aplicar essas virtudes a nós mesmos? E quando sou o receptor de minha própria dádiva, ou seja, quando devo adotar aquele menorzinho dentre meus irmãos? E quando devo reconhecer que eu mesmo preciso de minha paciência, de meu amor, de minha fé e até de minha humildade? Sim, quando reconheço que eu mesmo sou meu demônio, meu oponente, que sobretudo e sempre quer o contrário? Podemos realmente carregar a nós mesmos? Não devemos nunca fazer ao outro o que não faríamos a nós mesmos? Isso vale tanto para o mal quanto para o bem.

GW 16, § 522

Um dia procurou-me um homem jovem, com cerca de trinta anos de idade, aparentemente muito inteligente e altamente intelectualizado, não para um tratamento, como ele disse, mas apenas para me fazer uma pergunta. Deu-me um manuscrito bastante abrangente que, como ele mesmo disse, continha a história e a análise de um caso. Ele o chamou corretamente de neurose de obsessão, como eu vi, quando li o manuscrito. Era uma espécie de biografia psicanalítica, extremamente inteligente e elaborada com notável introspecção. Era um verdadeiro tratado científico, fundamentado na leitura abrangente e precisa da respectiva literatura especializada. Elogiei seu trabalho e perguntei-lhe com que finalidade ele viera me procurar. Ele disse: "Bem, o senhor leu o que eu escrevi. Poderia dizer-me por que, com toda essa minha visão, eu continuo tão neurótico como antes? Segundo a teoria eu deveria estar curado, pois até consegui evocar na memória todas as minhas primeiras lembranças. Li sobre tantos casos que com muito menos visão que a minha foram curados, por que eu deveria ser uma exceção? Por favor, diga-me o que não vi ou o que continuo a reprimir". Disse-lhe que naquele momento eu não conseguia ver o motivo que pudesse explicar por que sua neurose, por meio daquela sua visão realmente espantosa, não fora alterada. "Mas", disse eu, "permita-me pedir-lhe um pouco mais de informações sobre sua pessoa". "Com prazer", respondeu ele. Então eu disse:

"Em sua biografia o senhor menciona que costuma frequentemente passar o inverno em Nice e o verão em St. Moritz. Suponho que seja filho de pais abastados". "Oh, não", disse ele, "meus pais não são ricos". "Então o senhor ganhou seu próprio dinheiro?" "Oh, não", respondeu ele sorrindo. "Mas então o que quer dizer com isso?", perguntei hesitante. "Oh, isso não quer dizer nada", disse ele, "eu ganhei o dinheiro de uma mulher, ela tem 36 anos de idade e é professora de uma escola pública. É um caso meu, sabe", acrescentou ele. De fato, essa mulher alguns anos mais velha vivia em condições muito modestas, com um magro salário de professora. Economizava até o último centavo – naturalmente com esperanças de um futuro casamento, algo que esse garboso cavalheiro nem de longe cogitava. "O senhor não acha", disse eu, "que explorar financeiramente essa pobre mulher poderia ser um dos principais motivos por não estar ainda curado?". Mas ele deu risada de minha – como disse – absurda alusão moral que, segundo sua opinião, não tinha nada a ver com a estrutura científica de sua neurose. "Sobre isso", disse ele, "eu conversei com ela e nós dois estamos de acordo de que não tem importância nenhuma". Então eu respondi: "Portanto, o senhor acha que apenas pelo fato de discutir sobre essa situação, o outro fator – o de ser sustentado por uma pobre mulher – simplesmente é eliminado do mundo? O senhor acha que o dinheiro que tilinta em seu bolso transformou-se em bens obtidos de forma correta?". Ele se levantou, contrariado, murmurou algo sobre preconceitos morais e se despediu. Esse homem é um dos muitos que acreditam que moral não tem nada a ver com neurose e que um pecado proposital não é um pecado, na medida em que foi mentalmente afastado.

É claro que tive de instruir esse senhor a respeito de meus pontos de vista. Se tivéssemos entrado em acordo, teria sido possível realizarmos um tratamento. Mas se nós, apesar da impossível base de sua vida, tivéssemos iniciado um trabalho, ele teria sido inútil. Com tais pontos de vista alguém só consegue adaptar-se à vida sendo um criminoso. Mas esse paciente não era um criminoso de fato, mas apenas um assim chamado intelectual, que acreditava demais no poder da mente, a ponto de achar que se podia expulsar do pensamento qualquer injustiça cometida. Certamente eu acredito no poder e na virtude do intelecto, mas só até o ponto em que ele não profana os valores afetivos.

GW 17, § 182s.

Deveríamos ter algo como escolas para adultos, em que poderíamos ensinar às pessoas pelo menos as coisas mais elementares do autoconhecimento e do conhecimento das pessoas. Já fiz essa proposta várias vezes, mas ela permaneceu como um desejo de fé, apesar de todos admitirem teoricamente que sem autoconhecimento não pode haver um entendimento geral. Acabaríamos encontrando meios e caminhos, caso se tratasse de algum problema técnico. Mas como se trata apenas do que é mais importante, ou seja, da alma do ser humano e dos relacionamentos humanos, não existem professores nem alunos para isso, nem material didático, nem currículos, tudo fica sempre encalhado naquele encolher de ombros, no "deveríamos". É muito impopular dizer que cada um deveria começar consigo mesmo, por isso tudo continua na mesma. Só quando as pessoas ficam tão nervosas a ponto de o médico diagnosticar uma neurose é que consultamos os especialistas, cujo horizonte na medicina via de regra não inclui a responsabilidade social.

Briefe II, 419

Se você não quiser arruinar-se moralmente, só existe uma pergunta a fazer: "Qual a necessidade que você mesmo carrega, quando se comove com a situação aflitiva de seu irmão?"

Briefe II, 395

Quando sua consciência consegue controlar algo, talvez você tenha a tendência a achar que a dificuldade foi superada, mas em geral isso não ocorre. Podemos controlar algo facilmente na consciência, mas uma pessoa inconsciente acha isso extremamente difícil e sofre com esse conflito. Pense, por exemplo, em algum relacionamento pessoal em sua vida ou dever desagradável. Sua consciência sabe que isso precisa existir, que você precisa se adaptar, e no final realmente consegue fazê-lo. Mas quando fica um pouco cansado ou não se sente muito bem, então a antiga raiva volta a aflorar e de repente você não aguenta mais. É como se nunca tivesse aprendido a lidar com isso. A pessoa fraca, inferiorizada, passa a primeiro plano tão logo sua consciência recua um pouco. Basta apenas uma pequena fadiga e todas as nossas belas capacidades desaparecem totalmente – tudo o que sempre aprendemos desaparece totalmente.

Traumanalyse, 710

Dear sir, o senhor tem toda razão: sem relações afetivas a individuação não é possível. Geralmente o relacionamento começa com a conversa. Por isso a comunicação é sem dúvida da maior importância. Ao longo de sessenta anos pratiquei essa simples verdade. Também lhe dou razão de que até certo grau a experiência religiosa depende da relação afetiva humana. Não sei até que grau. Existe por exemplo o ditado apócrifo: "Onde há dois, eles estão com Deus, e onde há um sozinho, eu estou com ele". E como são as coisas com os eremitas? Se o senhor procurar, certamente vai encontrar o parceiro adequado para a conversa. É sempre importante ter um conteúdo para se levar a um relacionamento, e muitas vezes o encontramos sob a forma da solidão.

Briefe III, 358

Sim, uma pessoa nunca é representada por ela mesma. Uma pessoa só é alguma coisa em relação a outros indivíduos. Só obtemos dela um retrato completo quando a vemos em relação a seu entorno, assim como não sabemos nada sobre uma planta ou um animal quando não conhecemos seu habitat.

Traumanalyse, 253

O processo de individuação possui dois aspectos principais: por um lado é um processo interno, subjetivo, de integração; por outro, porém, ele é um processo de relacionamento objetivo igualmente indispensável. Um não pode ficar sem o outro, mesmo quando algumas vezes um, outras vezes outro, passa ao primeiro plano. A esse duplo aspecto correspondem dois perigos típicos: um consiste no fato de que o sujeito se utiliza das possibilidades de desenvolvimento espiritual oferecidas pelo embate com o inconsciente, para se furtar a certos deveres humanos mais profundos e simular uma "espiritualidade" que não resiste à crítica moral; o outro consiste numa predominância das tendências atávicas que empurram o relacionamento para baixo, a um nível primitivo. Entre Cila e Caribde é que passa esse caminho estreito, para cujo conhecimento a mística cristã da Idade Média, assim como a alquimia, contribuíram tão grandemente.

GW 16, § 448

Sobre o Relacionamento que Cura

"Basicamente a psicoterapia é um relacionamento dialético entre médico e paciente. É um confronto entre duas totalidades anímicas, no qual todo conhecimento é apenas ferramenta."

GW 11, § 904

Tratei de uma jovem de cerca de 20 ou 24 anos de idade. Ela tivera uma infância peculiar. Nascida em Java, filha de uma boa família europeia, tivera uma babá nativa. Como acontece frequentemente com crianças nascidas em colônias, o ambiente exótico e a cultura estranha, neste caso até bárbara, "entrou-lhe na pele", e toda a vida emocional e instintiva da criança foi influenciada por aquela atmosfera. Isso é algo de que o homem branco do ocidente raramente se dá conta; é a atmosfera psíquica do nativo em relação ao branco, uma atmosfera de medo intenso – medo da crueldade, da falta de respeito e do terrível e imprevisível poder do homem branco. Essa atmosfera contamina as crianças nascidas no ocidente; o medo se infiltra nelas, enche-as de fantasias inconscientes sobre a crueldade dos brancos; sua psicologia é revirada, e muitas vezes sua sexualidade assume caminhos totalmente equivocados. Elas sofrem incompreensíveis pesadelos e sentimentos de pânico e não têm condições de se adaptarem normalmente, quando se trata do problema do amor, do casamento e assim por diante.

Esse também foi o caso dessa menina. Ela ficou desnorteada, envolveu-se em situações eróticas das mais arriscadas e conquistou uma péssima reputação. Adotou formas vulgares de comportamento, começou a se maquiar com exagero e a usar bijuterias extravagantes para satisfazer a mulher primitiva em seu sangue, ou melhor, em sua pele, para que pudesse reconciliar-se com ela e ajudá-la a viver. Como não podia viver sem seus instintos e naturalmente também não queria isso, ela precisou fazer muitas coisas que a levaram a um nível inferior. Assim, por exemplo, ela adquiriu um péssimo gosto; usava cores horríveis para agradar seu inconsciente primitivo, para que este colaborasse quando ela quisesse atrair um homem. Naturalmente também os homens que escolhia eram de um nível muito baixo, e assim ela se envolvia nos mais diversos problemas. Seu apelido era a "grande prostituta da Babilônia". Tudo isso era extremamente funesto para uma moça que deveria ser decente. De fato, sua aparência era proibitiva, e quando ela vinha a meu consultório até me deixava constrangido, por causa de meus empregados. Eu lhe disse: "Veja, a senhorita realmente não pode vir aqui desse jeito, sua aparência é de uma..." e usei palavras bem drásticas. Ela ficou muito desolada com isso, mas não pôde fazer nada.

Então sonhei o seguinte:

Encontrava-me numa rua, aos pés de uma elevada colina, e sobre a colina havia um castelo, e no castelo havia uma torre muito alta, o torreão fortificado. No topo desse torreão havia uma *loggia*, uma construção muito bonita, aberta, com seteiras e uma maravilhosa balaustrada de mármore, e, sentada sobre essa balaustrada, havia uma elegante forma de mulher. Olhei para cima – tive de virar a cabeça para cima com tanta força que mais tarde ainda senti a dor em minha nuca – e vi que a figura era minha paciente! Então despertei e logo pensei: "Céus! Por que meu inconsciente coloca essa moça num lugar tão alto?". E imediatamente me veio o pensamento: "Eu a olhei com muito desprezo". Realmente, eu a havia considerado muito negativamente. Meu sonho me mostrou que isso era falso e ficou claro para mim que eu havia sido um mau médico. Por isso, disse a ela no dia seguinte: "Tive um sonho com você no qual precisei olhar para cima com tanta força para vê-la que minha nuca até doeu, e o motivo para essa compensação é que eu havia olhado para você de cima para baixo".

O efeito foi milagroso, posso lhes dizer! Não tive mais dificuldades na transferência, porque simplesmente consegui lidar com ela e situar-me no nível correto.

Eu poderia contar a vocês toda uma série desses sonhos significativos, relacionados à postura do médico. E quando se tenta realmente um contato com o paciente no mesmo nível, nem mais elevado nem mais profundo, quando se adota a postura correta e se colocam os valores corretamente, não precisamos de tanto esforço na transferência. Não conseguiremos resolver a transferência totalmente, mas certamente não nos confrontaremos com aquelas formas graves que se constituem apenas em supercompensações para a ausência de informações.

GW 18/I, 334s.

No sentido mais profundo, sonhamos todos não a *partir de nós*, mas a partir do que está *entre nós e o outro*.

Briefe I, 223

Naturalmente um médico precisa conhecer os assim chamados "métodos". Mas ele precisa evitar fixar-se num determinado caminho rotineiro. Os pressupostos teóricos só devem ser utilizados com cuidado. Hoje talvez ainda sejam válidos, amanhã eles podem mudar. Em minhas análises eles não têm um papel importante. Não sou sistemático, de propósito. Para mim, diante do indivíduo só existe o entendimento individual. Para cada paciente precisamos utilizar uma linguagem diferente. Assim, vocês poderão ouvir-me, numa análise, falar adleriano e, em outra, freudiano.

O ponto decisivo é que eu, como pessoa, estou diante de outra pessoa. A análise é um diálogo ao qual são necessários dois parceiros. Analista e paciente estão sentados frente a frente – olho no olho. O médico tem algo a dizer, mas o paciente também tem.

Erinnerungen, 137

Deixe a transferência fluir tranquilamente e ouça com simpatia. Provavelmente a paciente precisa de você como pai, e você deverá colocar-se como tal – bem mesmo como um pai, advertindo, censurando, cuidando, sendo paternal etc., só não adotando uma postura técnico-analítica, mas essencialmente humana. A paciente precisa de você, de sua integridade, tranquilidade e segurança, para reconciliar sua personalidade dissociada. Em princípio você só precisa estar a seu lado, sem muitos propósitos terapêuticos. A própria paciente vai buscar de dentro de você o que ela precisa. Sem a retificação do relacionamento com o pai, ela também não conseguirá resolver seu problema amoroso. Precisa primeiro estar em paz com o pai, ou seja, em um relacionamento humano de confiança com ele.

Briefe III, 386s.

Enquanto sentimos o contato, a atmosfera de confiança natural, não existe perigo; até mesmo quando temos de olhar na face do horror da loucura ou da sombra do suicídio, ainda existe aquela esfera da crença humana, aquela certeza de entender e ser entendido, por mais negra que seja a noite.

GW 17, § 181

Uma jovem mulher me procurou há alguns dias; está noiva, e tão apaixonada pelo homem quanto ele por ela. Está fazendo análise há quatro anos, cinco dias por semana, interrompidos somente por três semanas de férias a cada ano. Perguntei-lhe por que diabos ela não se casava. Respondeu-me que precisava primeiro terminar a análise, pois era um dever que precisava cumprir. Eu perguntei: "Quem lhe disse que você tem algum dever em relação à análise? Seu dever é com a vida! Essa jovem mulher é uma vítima da análise. Seu analista também assumiu essa postura. Este é um caso em que uma jovem mulher vive em suas fantasias, enquanto a vida espera por ela. Enredou-se em seu *animus*. Mesmo se fizesse uma bobagem, esta a empurraria para a vida. Do jeito que estão as coisas, o resultado é confusão, névoa, nada. Seu analista segue uma teoria, e a jovem mulher faz a análise como se cumprisse uma tarefa, em vez de viver a vida. Se fosse uma mulher na segunda metade da vida, o tratamento deveria ser totalmente diferente, deveria construir o indivíduo. Não duvido dos motivos, mas em comparação com esse analista eu trato de meus pacientes quase com brutalidade. Vejo-os apenas duas ou três vezes por semana e ao longo do ano tiro cinco meses de férias!

Traumanalyse, 114

Não se deve encarar um paciente simplesmente como um ser inferior, que colocamos deitado num divã, enquanto nos sentamos atrás dele como um Deus, pronunciando uma palavra de vez em quando. Devemos também evitar tudo o que possa sugerir uma doença. Se não fizermos isso, o paciente tende para essa direção e sente vontade de se evadir na doença: "Agora eu posso desistir, só preciso me deitar na cama, estou doente e acabado...". A doença também é uma espécie de solução, um meio de lidar com os problemas da vida: "Agora estou doente, agora o doutor vai ter de me ajudar!". Como terapeuta, não posso ser ingênuo. Devemos encarar o paciente como uma pessoa normal, ou seja, como um parceiro, quando ele não precisa efetivamente ficar de cama. Isso nos dá a base sadia da qual pode partir o tratamento. Muitas vezes as pessoas me procuram esperando de mim um feitiço, uma mágica medicinal. Mas elas se decepcionam quando as trato como pessoas normais e me comporto como uma pessoa normal. A paciente apenas vivenciara atrás de seu divã, num outro consultório, o "Deus mudo". Quando comecei a falar, ela disse espantada, quase horrorizada: "Mas o senhor expressa sentimentos, o senhor até expressa sua opinião!". Naturalmente eu tenho sentimentos e até os demonstro. Nada é mais importante do que isso: devemos efetivamente aceitar cada pessoa como uma pessoa e assim tratar sua individualidade de acordo.

GW 10, § 881

O psicoterapeuta não deveria mais cultivar a ilusão de que o tratamento da neurose não precisa de nada além do conhecimento de uma técnica, mas deveria convencer-se claramente de que o tratamento emocional de um doente é um *relacionamento*, no qual o médico está envolvido tanto quanto o paciente. Um verdadeiro tratamento emocional só pode ser individual, e é por isso também que a melhor técnica só possui valor relativo. Esse significado mais elevado depende da postura geral do médico, que precisa ser orientada para além dela, amplamente, para não destruir os valores específicos do doente a ele confiados – quaisquer que sejam esses valores.

GW 10, § 352

Cada terapeuta deveria contar com o controle de uma terceira pessoa, para obter mais um ponto de vista. Até o papa possui um confessor. Sempre aconselho os analistas: "Tenham um confessor ou uma confessora!". As mulheres têm muito talento para isso. Muitas vezes elas têm uma excelente intuição e um oportuno senso crítico, e conseguem enxergar os homens por dentro, e sob certas circunstâncias também as tramas das *animas* deles. Elas veem facetas que o homem não vê. Por isso nenhuma mulher ainda se convenceu de que seu homem é um super-homem!

Erinnerungen, 140

A transferência pode ser uma reação totalmente espontânea e não provocada, uma espécie de "amor à primeira vista". Naturalmente a transferência não deveria ser interpretada erroneamente como amor; ela não tem nada a ver com amor. A transferência só usa, e mal, o amor. A transferência pode parecer amor; analistas experientes cometem o erro de considerá-la amor, e os pacientes cometem o mesmo erro e dizem estar apaixonados pelo analista. Mas não estão, de jeito nenhum.

GW 18/I, § 328

Devemos deixar as pessoas onde estão. Não importa se amam o analista ou não. Não somos como aqueles alemães que querem ser amados quando se compra deles um par de meias. Isso é sentimental. O principal problema do paciente é justamente viver sua própria vida, e não o ajudamos quando nos intrometemos.

GW 18/I, § 351

O conceito infantil do amor é: receber presentes dos outros. Com base nessa definição os pacientes fazem exigências e comportam-se como a maioria dos normais, cuja cobiça infantil não alcança um grau elevado apenas por meio do cumprimento dos deveres da vida e da satisfação da libido obtida com isso; e por causa de certa falta de temperamento, também *a priori* não têm nenhuma tendência para a passionalidade.

GW 4, § 444

Suponhamos, por exemplo, que o analista precise tratar uma mulher que não o interessa especialmente; mas então ele descobre de repente que tem uma fantasia sexual com ela. Não desejo aos analistas que tenham tais fantasias, mas quando as têm devem ter consciência delas, pois representam a importante comunicação de seu inconsciente de que o contato humano com a paciente não é bom e que há uma perturbação da informação. O inconsciente do analista cria uma fantasia no lugar do ausente contato natural humano, para restaurar a ponte do distanciamento interior. Essas fantasias podem ser visuais ou aparecer sob a forma de um sentimento ou de uma sensação – uma sensação sexual, por exemplo. Elas são um sinal, sem exceções, de que a postura do analista diante do paciente é errada, de que ele o está sub ou superestimando, ou não lhe está dando a devida atenção.

GW 18/I, § 333

Portanto, a transferência é feita de diversas projeções, que surgem como substitutos para uma verdadeira relação psicológica. Elas criam uma relação simulada, mas que em certo momento é de grande significado para o paciente, quando sua habitual fraqueza adaptativa é fortalecida por meio do necessário trabalho analítico com o passado. Por isso uma súbita interrupção da transferência é sempre ligada a consequências extremamente desagradáveis, e muitas vezes até perigosas, pois assim o paciente cai numa insuportável ausência de relacionamento.

GW 16, § 284

Quando queremos suspender a transferência, precisamos lutar contra forças que não apenas têm valor neurótico, mas também um significado normal geral. Quando queremos levar o doente à suspensão do relacionamento de transferência, na verdade exigimos dele algo que raramente ou nunca é exigido da pessoa mediana, ou seja, de que se supere totalmente. Essa exigência na verdade só foi imposta ao ser humano por apenas algumas determinadas religiões.

GW 4, § 443

Quando a projeção é suprimida, o contexto negativo (ódio) ou positivo (amor) produzido pela transferência pode, por assim dizer, desmantelar-se momentaneamente, de modo que aparentemente não resta nada além da formalidade de um relacionamento profissional. Num caso assim não podemos desejar nenhum sopro facilitador, apesar de sabermos que tanto para um quanto para outro o problema só foi postergado; mais cedo ou mais tarde, aqui ou em outro lugar, ele vai aparecer de novo, pois por trás dele existe o impulso incessante à individuação.

GW 16, § 447

As mais recentes e elevadas questões da psicoterapia não são uma questão privada, mas uma responsabilidade da mais elevada instância.

GW 16, § 449

O fenômeno da transferência é indubitavelmente uma das síndromes mais importantes e substanciosas do processo de individuação e significa mais do que simplesmente antipatia ou simpatia pessoal. Por causa de seus conteúdos e símbolos coletivos, ele vai bem além da pessoa e alcança a esfera do social, lembrando aqueles contextos humanos mais elevados que nossa ordem social de hoje, ou melhor, desordem social, deixa dolorosamente faltar.

GW 16, § 539

A transferência sobre o médico o obriga a uma intimidade indesejada, mas que fornece uma útil *prima materia* para a obra. Quando entra uma transferência, o médico também precisa tratá-la e confrontar-se com ela, para que não se instale mais uma irracionalidade neurótica no mundo. Basicamente a transferência é um fenômeno natural, que não se manifesta absolutamente apenas no consultório médico, mas pode ser observada em todos os lugares e dar um impulso à maior das bobagens, como todas as projeções não reconhecidas. O tratamento clínico da transferência é uma oportunidade rara e inestimável para a recuperação de projeções, para a compensação de perdas de substância e a integração da personalidade. Os motivos que estão na base da transferência são em princípio de aspecto escuro, mesmo quando nos esforçamos em tingi-las de branco, pois aquilo que pertence à obra é a *sombra* negra (*umbra solis* ou *sol nigra* dos alquimistas), que todos levam consigo, ou seja, o aspecto inferior e oculto da personalidade, a fraqueza pertencente a toda força, a noite que se segue a cada dia, o mal do bem. Naturalmente a visão dessa sombra é atrelada ao perigo de sucumbirmos a ela. Mas com esse perigo surge a possibilidade da decisão consciente de não sucumbir a ela. Sob todas as circunstâncias um inimigo visível é melhor do que um invisível. Não posso perceber, nesse caso, qual é a vantagem da política de avestruz. Não pode ser um ideal das pessoas permanecerem infantis o tempo todo, viverem cegas a respeito de si mesmas, atribuir ao vizinho todas as coisas indesejáveis que lhes acontecem e atormentá-lo com seus preconceitos e projeções. Quantos casamentos existem que são infelizes durante anos e às vezes para sempre, porque ele vê na mulher a própria mãe, e ela vê no marido o pai, sem jamais reconhecer a realidade da outra pessoa! Na verdade a vida já é suficientemente difícil, por isso deveríamos pelo menos evitar as dificuldades mais bobas. Sem um encontro sistemático com um interlocutor a supressão das projeções infantis é muitas vezes simplesmente impossível. Como este é o objetivo legítimo e sensato da transferência, quer seja pelo método do "rapprochement" ou não, ela leva invariavelmente à discussão e ao confronto, e com isso a uma maior conscientização, que é uma medida do grau de integração da personalidade. Nessa discussão para além das convenções encobertadoras é que aflora o ser humano real. Na verdade, ele nasce efetivamente da relação psíquica, e a ampliação de sua consciência aproxima-se da rotundidade do círculo envolvente.

GW 16, § 420

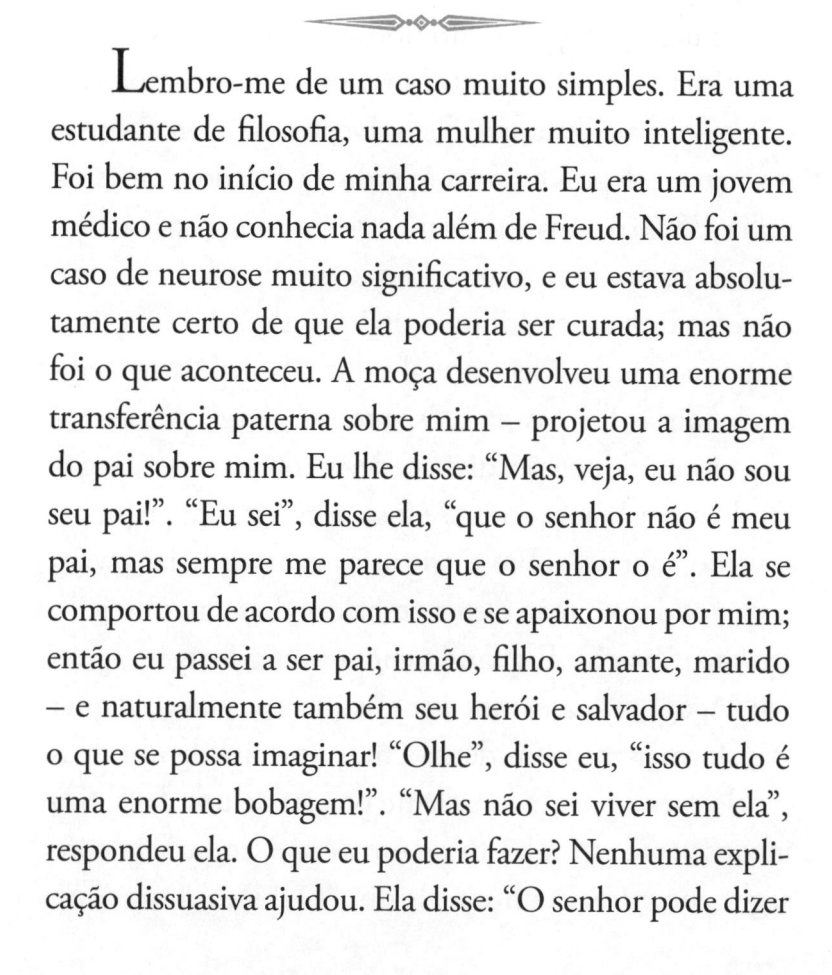

Lembro-me de um caso muito simples. Era uma estudante de filosofia, uma mulher muito inteligente. Foi bem no início de minha carreira. Eu era um jovem médico e não conhecia nada além de Freud. Não foi um caso de neurose muito significativo, e eu estava absolutamente certo de que ela poderia ser curada; mas não foi o que aconteceu. A moça desenvolveu uma enorme transferência paterna sobre mim – projetou a imagem do pai sobre mim. Eu lhe disse: "Mas, veja, eu não sou seu pai!". "Eu sei", disse ela, "que o senhor não é meu pai, mas sempre me parece que o senhor o é". Ela se comportou de acordo com isso e se apaixonou por mim; então eu passei a ser pai, irmão, filho, amante, marido – e naturalmente também seu herói e salvador – tudo o que se possa imaginar! "Olhe", disse eu, "isso tudo é uma enorme bobagem!". "Mas não sei viver sem ela", respondeu ela. O que eu poderia fazer? Nenhuma explicação dissuasiva ajudou. Ela disse: "O senhor pode dizer o que quiser; é assim mesmo". Ela estava nas garras de uma imago inconsciente. Então me veio o pensamento: "Se é para alguém saber alguma coisa a respeito, então com certeza é o inconsciente, que nos colocou nessa situação enrolada". Então comecei a observar seriamente os sonhos, não apenas para captar certas fantasias, mas porque eu queria realmente entender como seu sistema psíquico reagia a uma situação anormal como essa – ou a uma situação muito normal, se você quiser, pois essa situação é a habitual. Em seus sonhos eu aparecia como seu pai. Tratamos disso. Depois eu apareci como o amante e depois como o marido – era tudo na mesma linha. Então o tamanho de meu corpo começou a se modificar; eu era bem maior do que um homem comum; às vezes tinha até atributos divinos. Pensei: "Ora, isso é apenas a velha ideia do salvador". E depois comecei a assumir as formas mais espantosas. Surgi, por exemplo, numa dimensão divina, de pé nos campos, segurando-a nos braços como se fosse uma criança pequena; o vento soprava sobre o trigal, os campos balançavam como ondas no mar, e eu a embalava desse mesmo jeito em meus braços. E quando então vi essa imagem, pensei: "Agora vejo até onde vai esse inconsciente: ele quer transformar-me num deus; a moça precisa de um deus – pelo menos seu inconsciente precisa de um deus. Seu inconsciente está à busca de um deus e, como não consegue encontrar nenhum, ele diz: "O doutor Jung é um deus". Então eu lhe disse o que pensava: "Certamente eu não sou um deus, mas seu inconsciente precisa de um deus. É uma necessidade crescente séria e autêntica. Nenhuma época antes de nós satisfez essa necessidade; você é apenas uma tola intelectual, como eu, mas nós não o sabemos". Isso modificou totalmente a situação; fez uma enorme diferença. Consegui resolver esse caso, porque acalmei o anseio do inconsciente.

GW 18/I, § 634

Mas a energia da transferência é tão forte que chega a dar a impressão de um instinto vital. Qual é então o objetivo de tais fantasias? Uma observação e análise precisa dos sonhos [...] produz uma tendência acentuada – contra a crítica consciente, que quer reverter à dimensão humana – dotar a pessoa do médico com atributos sobre-humanos – enorme, muito velho, maior do que o pai, como o vento que sopra sobre a terra –, e provavelmente ainda ser transformado num deus! Ou será que no final o caso vira ao contrário, ou seja, o inconsciente tenta produzir um deus a partir da pessoa do médico, de certo modo liberta uma imagem de deus dos véus do que é pessoal, e junto com isso a transferência sobre a pessoa do médico torna-se um mal-entendido ocorrido no consciente, uma asneira da "saudável razão humana"?

O impulso do inconsciente deveria talvez só aparentemente visar a pessoa, mas no sentido profundo visar um deus? Será que a demanda por um deus seria uma paixão oriunda da natureza instintiva mais escura e não influenciável? Talvez mais profunda e forte do que o amor a um ser humano? Ou talvez o sentido mais elevado e essencial desse amor inoportuno que chamamos de transferência? Talvez um pedaço da verdadeira "face de Deus" que desde o décimo quinto século se evadiu da consciência? Ninguém duvida da realidade de um anseio passional pela pessoa humana, mas o surgimento no consultório daquele pedaço de psicologia religiosa que há muito virou história, representado pela figura prosaica do doutor, um por assim dizer, "kuriosum" medieval – lembramos de Mechthild von Magdeburg – aparecendo tão diretamente como uma realidade viva, parece-nos em princípio fantástico demais para que possamos levá-lo a sério.

GW 7, § 214s.

Conclusão

Minha experiência clínica, assim como minha própria vida, colocaram-me constantemente diante da questão do amor, e eu nunca consegui dar-lhe uma resposta válida. Assim como Jó, tive de "colocar a mão sobre a boca. Uma vez eu falei, depois disso não quero mais responder" (Jó 39,34s.). Trata-se do maior e do menor, do mais distante e do mais próximo, mais elevado e mais profundo, e um nunca pode ser dito sem o outro. Nenhuma língua superou esses paradoxos. O que quer que digamos, nenhuma palavra expressa o todo. Para falar de aspectos parciais, é sempre demais ou de menos, ali onde apenas o todo faz sentido. O amor "suporta tudo" e "tolera tudo" (1Cor 13,7). Esse texto diz tudo. Não se poderia acrescentar nada. Nós somos, no entendimento mais profundo, vítimas ou meios e instrumentos do "amor" cosmogônico. Coloco essa palavra entre aspas para indicar que não quero dizer com isso apenas que é um anseio, uma preferência, uma valorização, um desejo ou algo semelhante, mas um todo, unificado e indiviso superior ao ser isolado. O ser humano como parte não entende o todo. Ele lhe é subalterno. Ele pode dizer sim ou se indignar; mas sempre está preso e trancado dentro dele. Sempre depende disso e é motivado por isso. O amor é sua luz e sua escuridão, cujo final ele não enxerga. "O amor não acaba nunca", mesmo quando ele fala com língua de anjo ou persegue a vida da célula até a base mais profunda, com acribia científica. O ser humano pode chamar o amor de diversos nomes que lhe estão à disposição, mas vai apenas envolver-se em infinitos autoenganos. Se possuir um pouco de sabedoria, vai mostrar as armas e chamá-lo *ignotum per ignotius,* ou seja, com o nome de Deus. Essa é uma confissão de sua inferioridade, imperfeição e dependência, mas ao mesmo tempo também um testemunho de sua liberdade de escolha entre a verdade e o engano.

Erinnerungen, 356

Obras citadas

(Todas publicadas pela editora Walter Verlag)
C. G. Jung: *Gesammelte Werke* (citado como GW), 20 volumes, editado por Lilly Jung-Merker, Elisabeth Rüf e Leonie Zander. Olten/Freiburg i. Br. 1971f.
_____. *Briefe*, 3 volumes. Olten/Freiburg i. Br. 1972f.
_____. Seminários.
Kinderträume. Editado por Lorenz Jung e Maria Meyer-Grass. Olten/Freiburg i. Br. 1987.
Traumanalyse. Segundo anotações dos seminários de 1928-1930. Editado por William McGuire; traduzido do inglês por Brigitte Stein. Olten/Freiburg i. Br.1991.
Die Psychologie des Kundalini-Yoga (citado como Kundalini). Segundo anotações do seminário de 1932. Editado por Sonu Shamdasani; textos traduzidos do inglês por Waltraut Körner. Zurique / Düsseldorf 1998.
_____. *Über Gefühle und den Schatten*, Winterthurer Fragestunden (citado: Über Gefühle). Original de Jung. Zurique / Düsseldorf 1999.
Erinnerungen, Träume, Gedanken von C. G. Jung (citado como Erinnerungen), anotado por Aniela Jaffé. O lten/Freiburg i. B r. 1971 (com registro: 1987).

Esta obra foi composta em CTcP
Capa: Supremo 250g – Miolo: Pólen Soft 80g
Impressão e acabamento
Gráfica e Editora Santuário